AF279816

DENKEN

DIE RATIONALE KREATIVITÄT

Hans-Joachim Lenz

„Wenn man ein Problem vollkommen einsehen will, so muß man es von jeder überflüssigen Vorstellung loslösen, auf die einfachste Fragestellung zurückführen und vermöge der Aufzählung in so viele Teile als nur möglich teilen."

1701 von DESCARTES in seinen Regeln zur Leitung des Geistes
als 13. Grundsatz formuliert (lit 1.17).

Das vorliegende Werk ist die überarbeitete Fassung einer Dissertation aus dem Jahre 1978 zur Erlangung der akademischen Würde des Dr.-Ing. an der Universität Kaiserslautern mit dem Titel „Planungsmeßgrößen als Grundlage einer Ökonomie des Planens".

ISBN-978-3-8391-7603-0
1. Auflage Juli 2010

Bibliografische Information der Deutschen Bibliothek:
Die Deutsche Bibliothek verzeichnet die Publikation
in der Deutschen Nationalbibliothek; detaillierte Daten
sind im Internet über http://dnb.ddb.de abrufbar.

Grafische Gestaltung: Hans Jürgen Wiehr

Printed in Germany
Herstellung und Verlag: Books on Demand GmbH, Norderstedt

INHALTSVERZEICHNIS

Es genügt nicht, nur zu sein,
du musst schon Spuren hinterlassen,
um nicht nur gewesen zu sein.

Zur Einstimmung

Die in den 1970er Jahren entstandene Forschungsarbeit verfolgte die Absicht, quantitative Elemente in Planungsprozessen zu ermitteln, die es gestatten, geistige Arbeit in Anbetracht komplexer Systeme bewerten zu können. Ohne wesentliche Inhaltsänderung soll der Schwerpunkt nunmehr auf das menschliche Denkvermögen schlechthin gelenkt werden. „Denken" soll gelten als Oberbegriff für ein grundlegendes menschliches Vermögen, das sich in mannigfaltigen Ausprägungen darstellt, vom rationalen Kalkül bis zur spontanen, kreativen Idee.

Im allgemeinen Sprachgebrauch deutet der Begriff „Kreativität" auf eine besondere Gabe hin, auf einen genetischen Vorzug, gespeist von Inspirationen außermenschlicher Bereiche. Kreative Leistungen bleiben genialen Menschen vorbehalten, die sich vom Großteil der Erdenbürger abheben durch ihre Spontaneität, Originalität und „irrationale" Gedankengänge. Die schöpferische, gestaltende Leistung wird als Ergebnis der Phantasie, genialer Einfälle und außergewöhnlicher Bewusstseinszustände angesehen.

Im Gegensatz dazu setzt sich jedoch die Auffassung durch, dass auch Kreativität eine rationale „Denk"-Leistung ist, oder anders gesagt, dass alle Denkleistungen kreativer Natur sind und sich differenzierter Strategien und Methoden bedienen. Denkverhalten jeglicher Art benutzt kleinste Informationseinheiten, Quantitäten, die in einem mehr oder weniger leistungsfähigen Verarbeitungsprozess einem bestimmten Ziel zugeführt werden. So sind auch Einfälle spontane Transformationen, die in einem rationalen Prozess einen Zustand in einen anderen erheben. Dem heutigen Stand der Wissenschaft ist es nicht mehr fremd, dass sich das Denken auch außermenschlicher, kosmischer Wissensspeicher bedient – ob man diese im Quantenzustand der Welt oder in „morphogenetischen Feldern" sucht –, um rationale „Kreationen" hervorzubringen.

In der abendländischen Literatur ist erschöpfend dargestellt, daß allen bedeutenden Werken der Baukunst – antiken Tempeln, gotischen Kathedralen, Renaissance-Palästen, Barock-Schlössern – strenge mathematische und formale Gesetze zugrunde liegen, dass auch Sprache und Poesie, bildende und darstellende Kunst einem rationalen Formenkanon unterliegen. Schönheit, kann man sagen, beruht letztlich auf Ordnung und Maß.

Wenn für die vorliegende Fassung der Forschungsarbeit der Titel „Denken – die rationale Kreativität" gewählt wurde, soll die Verwendung der widersprüchlich erscheinenden Begriffe in voller Absicht eine Provokation darstellen. Gleichzeitig soll aber auch diese scheinbare Dualität zwischen rational und kreativ-irrational in Frage gestellt und das menschliche Denken in seiner vollen Breite als das Ur-Vermögen erkannt werden, das, sich der Sprache bedienend, dem aufstrebenden Leben, dem Wachsen und Werden, dem Blühen und Früchtetragen vielfältigen Ausdruck verleihen will. Im Denken erschafft der Mensch sich selbst und die Welt, in der er wohnt. Denken wird zum Motor der Schöpfung.

Es ist schon bedenklich,
dass man über Denken
nachzudenken beginnt.

1 Vorwort

1.1

Ausgangsbasis (Stand der Forschung)

Der Mensch hat allzeit versucht, die Gegenstände und Erscheinungen der Natur zu beschreiben, zu ordnen, zu vergleichen, Beziehungen festzustellen und Regeln und Gesetze abzuleiten. Die Erkenntnis der Natur hat zu ihrer Beherrschbarkeit geführt. Beschreibbarkeit, Meßbarkeit und Reproduzierbarkeit waren Voraussetzung für technische und wirtschaftliche Verwertung natürlicher Phänomene. Wirtschaft – ein arbeitsteiliges System der Herstellung und des Tausches von Gütern und Dienstleistungen jeder Art – basiert auf der Vergleichbarkeit und Meßbarkeit jedweden Gutes. Das heißt, gleiche Quantität und gleiche Qualität bedingen ein gleiches Äquivalent, ganz unabhängig in welcher „Währung" und mit welchem Marktwert „aufgewogen" wird.

Durch die Meßbarkeit der zu tauschenden Güter entstehen dynamische Marktmechanismen, die die Äquivalenz positiv – oder auch negativ – verschieben. Es wird mehr Quantität und mehr Qualität zum gleichen Äquivalent oder gleiche Quantität und gleiche Qualität zu einem geringeren Äquivalent geboten. Das heißt, die Tauschgüter werden verbessert oder verbilligt durch bessere Materialien und wirtschaftlichere Herstellungsverfahren, um eine günstigere Position im Wettbewerb zu erzielen. Es muß wohl kaum darauf hingewiesen werden, daß hierdurch ein noch lange nicht abgeschlossener Prozeß der Rationalisierung, Effizienzsteigerung und Innovation eingeleitet wurde und permanent unterhalten wird, der dazu geführt hat, daß der menschlichen Arbeit heute ein größeres Äquivalent an Gütern entspricht als jemals zuvor.

Wenn auch der Mensch bereits immer geistige Arbeit geleistet hat, so scheint sie heute im Begriff zu sein, einen besonderen Raum und besondere Bedeutung einzunehmen. GROSS (lit 1.1 und 1.2) spricht vom Beginn eines „quartären Zeitalters", in dem Geistkapital losgelöst vom Geldkapital zunehmend an Bedeutung und Einfluß gewinnt. Er stellt seine Hypothesen in die Kette der Entwicklung von der primären Stufe der Land- und Forstwirtschaft, Fischerei und Bergbau, über die sekundäre der gewerblichen und industriellen Produktion zur tertiären Stufe von Handel- und Dienstleistung. Nach einer Zeit der starken Entwicklung des tertiären Sektors sieht er heute den Beginn einer ungeheuren Explosion des quartären, des geistigen Bereiches. Geistige Arbeit wird in Form von Know-how, Prognose, Planung und Entwicklung in allen Bereichen von Politik, Wissenschaft, Umwelt, Technik und Wirtschaft, unabhängig von materieller Produktion, zu einem gefragten und tauschbaren Gut.

Die Feststellung der Äquivalenzen bereitet jedoch erhebliche Schwierigkeiten, da die geistige Arbeit nicht beschreibbar, nicht meßbar und deshalb nicht vergleichbar ist. In der Regel werden Hilfswerte benutzt, die aus dem Objektbereich genommen sind, um geistige Leistungen zu vergleichen und Gebühren- oder Honoraräquivalente zu ermitteln. Über den tatsächlichen Aufwand an geistiger Arbeit wird hierdurch jedoch nichts ausgesagt. Gleicher geistiger Arbeit entspricht nicht das gleiche Äquivalent.

*Über das Denken
nachzudenken, wird
durch die Fähigkeit
zu denken, stark begrenzt.*

So werden bei geistiger Arbeit auf dem Gebiet des Bauwesens Hilfswerte wie z. B. Bausummen, Projektsummen, umbauter Raum, Nutzflächen, Zeitaufwand, Kostenaufwand u. dergl. herangezogen. Es wird dabei unterstellt, daß irgendwelche Beziehungen zwischen diesen Werten und der geistigen Arbeit bestehen, ohne daß ein Nachweis erbracht oder jemals zu erbringen ist. Im Gegenteil zeigt die Praxis überdeutlich, daß keinerlei Korrelation besteht. Es kommt zu großen Fehleinschätzungen geleisteter geistiger Arbeit. Da geistige Arbeit nicht beschreibbar und meßbar ist, kann bei gleichen Hilfswerten (z. B. Bausummen) eine sehr unterschiedliche geistige Arbeit erbracht worden sein, was sich in einer sehr unterschiedlichen Qualität der Endprodukte äußert.

Der Unmut über diese Situation wächst allenthalben. Bei allen Untersuchungen über neue und gerechtere Gebühren- und Honorarordnungen wird immer wieder versucht, Meßgrößen zu finden, die die Nachteile der bisherigen vermeiden (VfA, Battelle, PFARR lit 1.3). HARRER (lit 1.4) weist besonders darauf hin, daß die Baukostensteigerung nicht der Kostensteigerung des Planungsbüros entspricht und deshalb zu Verzerrungen führt. Er empfiehlt die Einführung eines Faktors, der diese spezifischen Einflüsse ausgleicht. Hinzu kommt jedoch, wie EBERT (lit 1.5) darstellt, daß der Umfang der Aufgaben und Leistungen bezogen auf die Bausumme und damit auch das Risiko größer geworden sind.

Als besonders nachteilig wird allenthalben empfunden, daß sich die Benutzung der Baukosten als Meßwert zumindest nicht positiv auf Einhaltung und Senkung der Kosten auswirkt. ASSMANN (lit 1.6) stellt ein im März 1973 vom französischen Wirtschafts- und Finanzministerium erlassenes Honorierungssystem vor, das Anreize zur Einhaltung geschätzter Baukosten schafft und entsprechende Sanktionen bei Überschreitung zuläßt. Er weist jedoch darauf hin, daß geistige Mehrarbeit, die die Betriebskosten, die Lebensqualität und die Umweltfreundlichkeit beeinflußt, bei diesem System nicht erfaßt ist.

Zum Ausgleich der Preissteigerungen wurden in Schweden staatlicherseits Indexziffern veröffentlicht, wie MATULL berichtet (lit 1.7), jedoch wurde dieses Verfahren 1973 wieder eingestellt, da sich inzwischen andere Berechnungsverfahren durchgesetzt hatten. Bereits in den 60er Jahren ging man von den „Baukosten" auf den „umbauten Raum" als Grundlage über. Heute hat sich weitgehend der nach Kosten- und Zeitaufwand kalkulierte Festpreis durchgesetzt. Auch BAEHRE und JOHNSON (lit 1.8) betonen die Beeinflußbarkeit der Baukosten durch Planung. Erhöhter Aufwand im Frühstadium der Planung bedeutet Senkung der Baukosten. Kosten- und Zeitaufwand aufgrund einer detaillierten Leistungsbeschreibung seien eine bessere Basis einer Honorarberechnung.

Dies scheint auch die allgemeine Tendenz in angelsächsischen Ländern und im internationalen Consultingbereich zu sein. Tatsächlich vermeidet die Benutzung des Hilfswertes „Kostenaufwand" oder „Zeitaufwand" eine Reihe von Nachteilen, die bei den Hilfswerten „Baukosten", „umbauter Raum" oder „Nutzflächen" entstehen. Es darf jedoch nicht übersehen werden, daß die starke Konkurrenzsituation und die mangelnde

Beschreibbarkeit der Leistung dazu verleiten, weniger geistige Arbeit zu erbringen, um damit die eigenen Kosten zu reduzieren. In einem gewissen Maße führt diese Situation jedoch auch zu einer Rationalisierung der geistigen Arbeit durch Einführung zeit- und kostensparender Methoden.

Am umfassendsten hat sich wohl PFARR in den letzten Jahren mit der Materie befaßt. Er schreibt (lit 1.3 S. 15), daß die Bau- und Nutzungskosten durch eine bessere Planung, vor allem in den Frühphasen, gesenkt werden können. Der Planer gebe jedoch nur ein Leistungs„versprechen" ab (lit 1.3 S. 21), die Leistung könne weder gemessen, geprüft noch begutachtet werden. Er weist auf die Fragwürdigkeit der Gebäudekennziffern zur Bemessung der Planungsleistung hin (lit 1.3 S. 36) und erkennt, daß das Honorar – als Äquivalent für Planungsarbeit – keine **betriebswirtschaftlich** ergründbare Größe ist. Hier schwingt die Erkenntnis mit, daß Meßgrößen für Planungsarbeit auf anderen Wegen ermittelt werden müssen, ganz gleich wie „Honorar"-Äquivalente später aussehen werden.

PFARR untersucht dann auch verschiedene Bemessungsgrundlagen aufgrund von Baukosten und bautechnischen Kennzahlen (lit 1.3 S. 39-44), ermittelt Kriterien und Gewichte, kommt jedoch zu dem Ergebnis, daß keine der vorgeschlagenen Bemessungsgrundlagen die Zielsetzung der Kriterien insgesamt unterstützt. PFARR findet sich damit ab und versucht, Faktoren zu ermitteln, die die Irrelevanz der Meßgrößen korrigieren sollen (lit 1.3 S. 48 ff.). Er spricht einerseits von „aufwandsbezogenen Einflußgrößen" und meint solche, die die Planung erschweren (z. B. Standort, Herstellung, Fristen, Kostenlimits, Umwelt o. dergl.), und andererseits von „nutzungsbezogenen Einflußgrößen", die aus unterschiedlichen Anforderungen an Erfahrung, Kreativität und Wissen des Planers resultieren.

Eine Rechnung wird jedoch nicht durch Faktoren richtig gestellt, wenn bereits falsche Werte eingegangen sind. Aber vielleicht sind die beschriebenen Einflußgrößen nicht so sehr Faktoren einer mit Objektdaten operierenden Rechnung, sondern weisen eher bereits auf mögliche, direkte Meßwerte für geistige Arbeit hin. Es entbehrt nicht einer gewissen Ironie, wenn PFARR (lit 1.3 S. 70, 71) die Bundesbauminister der letzten Jahre zitiert (Lauritzen 1970, Vogel 1973, Ravens 1975), die sich übereinstimmend für eine baukostenunabhängige Bemessungsgrundlage aussprechen, jedoch eine neue Honorarordnung verabschiedet wurde, die sich abermals auf Baukosten bezieht.

Sehr interessante Ausführungen macht SPIEKER zum Thema (lit 1.9). Er unterscheidet zwischen „Gebühr" und „Honorar" und will eine Gebührentafel für „meßbare" Dienstleistung und ein zusätzliches Honorar als „Ehrengeschenk", das frei zu vereinbaren und an die Qualität des Endproduktes gebunden ist. Als Bemessungsgrundlage empfiehlt er jedoch wieder eine Hilfsgröße – die „Nutzfläche" – und „Qualität" bleibt letzten Endes wieder ein subjektives Urteil. Dennoch mag hier der Schlüssel dafür liegen, daß es geistige Leistungen unterschiedlicher Art gibt, die auch unterschiedlich zu messen sind. Aus dem angelsächsischen Bereich kommt die sehr ähnliche Methode des „cost + fee". Hierbei werden dem Planer alle Kosten ersetzt, die mangels einer genauen Beschreibung der Leistung nicht vorher zu kalkulieren sind. Zusätzlich wird ein Honorar zugebilligt, das je nach Schwierigkeit der Aufgabe frei vereinbart wird. Auch PFARR (lit 1.3) hat die Möglichkeiten einer „gespaltenen" Honorarordnung untersucht, da offensichtlich ist, daß die planerische Leistung in den verschiedenen Phasen der Planung sehr unterschiedlich zu bewerten ist und unterschiedliche Bezugsgrößen zugrundegelegt werden sollten.

Der Verfasser hat bereits in früheren Publikationen (lit 1.10 und 1.11) auf die Irrelevanz der Bemessungsgrundlagen und Bezugssysteme hingewiesen. Planungsleistung wird als **menschliche** Leistung angesehen, so daß nur der Mensch und dessen Aufwand an geistiger Energie das einzig mögliche Bezugssystem sein können. Beschreibung und Messung der Planung muß aus der Objektgebundenheit herausgelöst und in „Planungsräume" eingebunden werden, die alleine, wie PFARR's Einflußfaktoren, Maß für die geistige Arbeit sein können. BECKER (lit 1.12) drückt dies in der Weise aus, daß Planung nicht nur Ordnung im dreidimensionalen Raum herstellt, sondern eine sehr wesentliche vierte Dimension enthält, die Zeitdimension. Er spricht deshalb von einem sphärischen Bezugssystem, das die Meßgrößen für den Aufwand an geistiger Energie liefern sollte.

Es ist ziemlich sicher, daß Gebäudekennziffern zur Bemessung der geistigen Arbeit völlig untauglich sind. Zeit- und Kostenaufwand liefern sicherlich Werte zur Feststellung kostendeckender und gewinnbringender Honoraräquivalente, jedoch keinerlei Aussage über das tatsächliche Maß an geistiger Arbeit. Geistige Arbeit als solche kann z. Zt. nicht gemessen und quantitativ beschrieben werden wie ein materielles Gut. Dies wird auch als der Grund angesehen, daß geistige Arbeit immer teurer wird. Geistige Arbeit ist belastet mit Tätigkeiten, die keine geistige Arbeit sind und das Endprodukt nicht verbessern. Andererseits führen die Konkurrenzsituation und die steigenden Planungskosten dazu, daß der geistige Arbeitsaufwand gesenkt wird, solange lediglich das Endprodukt verlangt wird. Die Qualität der Endprodukte leidet in einem nicht absehbaren Maße unter der mangelnden Quantifizierbarkeit des geistigen Aufwandes. Solange die Senkung des geistigen Arbeitsaufwandes nicht erkennbar und meßbar ist, wird nicht ernsthaft nach Mitteln und Methoden gesucht werden, um geistige Arbeit rationeller und effizienter zu erbringen. Ohne Meßbarkeit wird es zu keiner „Ökonomie geistiger Arbeit" oder speziell zu einer „Ökonomie des Planens" kommen.

1.2 Zielsetzung

Die zuvor geschilderte Situation ist die Ausgangsbasis für eine Reihe möglicher Forschungsrichtungen. Deshalb ist es notwendig, zunächst die generelle Zielrichtung der vorzunehmenden Untersuchung festzulegen. Da es sich um sehr ferne Ziele handelt, wird hier nur von Ziel„richtung" gesprochen.

Ohne Anspruch auf Vollständigkeit sind folgende Zielrichtungen denkbar (s. Abb. 1.1):

A Es sollen weitere Hilfswerte gesucht werden, die der geistigen Arbeit eher gerecht werden als die z. Zt. benutzten Gebäudekennziffern, und die deren Nachteile vermeiden.

B Durch Differenzierung und Klassifizierung der Planungstätigkeiten so wie entsprechende Zeitstudien sollen Erkenntnisse über den Zeitaufwand als Hilfswert für geistige Arbeit gewonnen werden.

C Durch Differenzierung und Klassifizierung möglicher Einflußfaktoren (s. PFARR lit 1.3) und Untersuchung von Planungsprozessen sollen über den „Schwierigkeitsgrad" direkte Maßstäbe für geistige Arbeit gesucht werden.

D Es sollen Meßwerte für die Objektqualität gesucht werden, um über das Endprodukt den Aufwand an geistiger Arbeit bewerten zu können (In dieser Richtung gibt es einige bemerkenswerte Schritte, wie z. B. von MUSSO und RITTEL (lit 1.13) und KÖHLER (lit 1.14 u.a.)).

E In der geistigen Tätigkeit als solcher sollen Quanten ermittelt werden, die die geistige Arbeit beschreibbar und meßbar machen.

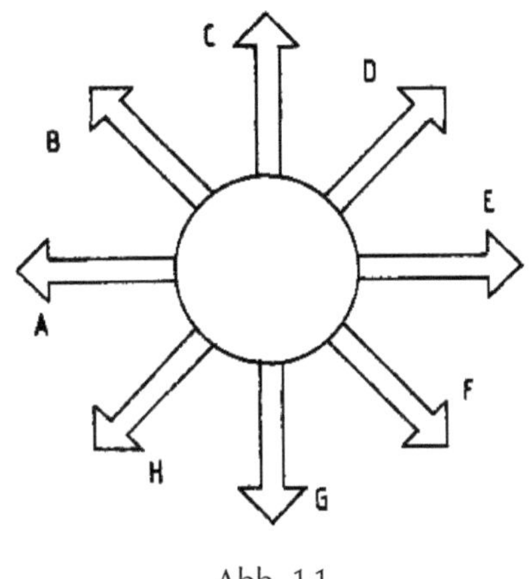

Abb. 1.1

Auf weitere Möglichkeiten soll hier nicht eingegangen werden. Im Rahmen dieser Arbeit wird die Richtung E weiterverfolgt (s. Abb 1.2). Sie erscheint nicht aussichtsreicher als die anderen. Der Suche nach direkten Meßwerten für geistige Arbeit muß jedoch der Vorrang vor erneuten, wenn auch verbesserten Hilfswerten eingeräumt werden.

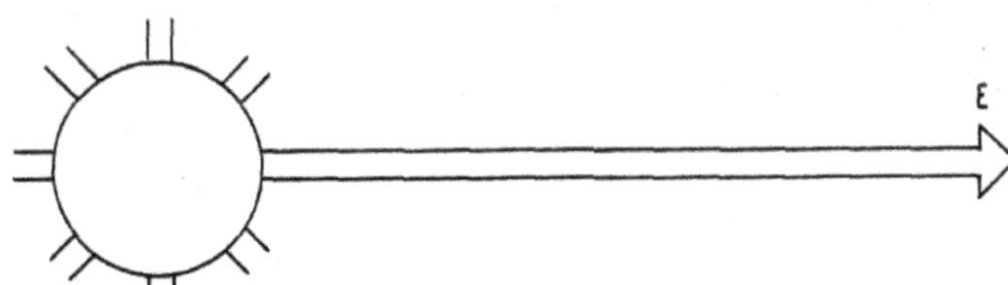

Abb. 1.2

Möglicherweise führt diese Richtung zu keinem brauchbaren Ergebnis, und neue Richtungen müssen erforscht werden. Auch wird das Fachwissen des Verfassers nicht ausreichen, um das Ziel zu erreichen. Möglicherweise werden Erkenntnisse darüber gewonnen, daß die Forschungen von anderen Wissenschaftsbereichen weiterverfolgt werden müssen.

Es war ein weiter Weg von der Feststellung des Phänomens „elektrischer Strom" bis zu seiner Meßbarkeit, der Einführung von einheitlichen Meßwerten und -skalen, die zu einer weltweitenVerständigungsmöglichkeit über elektrischen Strom führten. So wird es auch ein weiter Weg sein, bis brauchbare Quanten gefunden, ihre Werte ermittelt, durch Reproduktion bestätigt und Skalen aufgestellt sind und geistige Arbeit beschreibbar, vergleichbar und meßbar geworden ist. Mit dieser Untersuchung wird der Versuch unternommen, einen Schritt in dieser Richtung zu tun, begleitet von der Hoffnung, der geistigen Arbeit einen Wert geben zu können, als Geist„kapital", als tauschbares Gut.

1.3
Begrenzung
der Untersuchung

Da mit dieser Arbeit nur Schritte in einer zuvor festgelegten Richtung getan, also bestenfalls Teilziele erreicht werden können, ist es notwendig, eine Reihe von einschränkenden Abgrenzungen vorzunehmen. Der Begriff „geistige Arbeit" soll entsprechend der physikalischen Definition:

> „Arbeit ist das Produkt aus der an einem Körper angreifenden Kraft und dem in Bewegungsrichtung zurückgelegten Weg."
> (lit 1.15) (lit 1.16)

zunächst so verstanden werden:

> „Geistige Arbeit ist das Produkt aus einer an einem geistigen Quant angreifenden Kraft und dem in einer Zielrichtung zurückgelegten Weg".

Es dreht sich also um eine Energie, die notwendig ist, irgendwelche Quanten – elementare Teilchen – zu bewegen. Dabei ist an einen Verarbeitungsvorgang z. B. von Information, von Daten, von Gedächtnisinhalten zu denken. Darunter ist auch nur der objektivierbare Verarbeitungsvorgang zu verstehen, nicht die subjektive Verarbeitungs„leistung". Die Verknüpfung einer bestimmten Menge von Informationen stellt eine bestimmte geistige Arbeit dar, ganz gleich ob diese Verknüpfung spontan oder in bewußten Schritten erfolgt. „Leistung" ist die Arbeit in der Zeiteinheit; sie ist ein Maß für die Effizienz der Arbeit und deutet auf Eigenschaften des Subjektes hin (z. B. schneller oder langsamer Denken). Hierunter sind auch Eigenschaften wie Originalität, Kreativität u. a. zu verstehen, die zu Denk„leistungen" führen, die mit anderen Kategorien zu fassen sind und nicht Gegenstand dieser Untersuchung sein können. Hier sei an die Anregungen von SPIEKER (lit 1.9) und PFARR (lit 1.3) erinnert – an die Unterscheidung von „Gebühr" und „Honorar" und an die „gespaltene" Berechnung –, aber auch an die Untersuchungen von MUSSO und RITTEL (lit 1.13) über das Messen der Qualität von Objekten, die möglicherweise Ansätze liefern, diese subjektiven Leistungen zu erfassen.

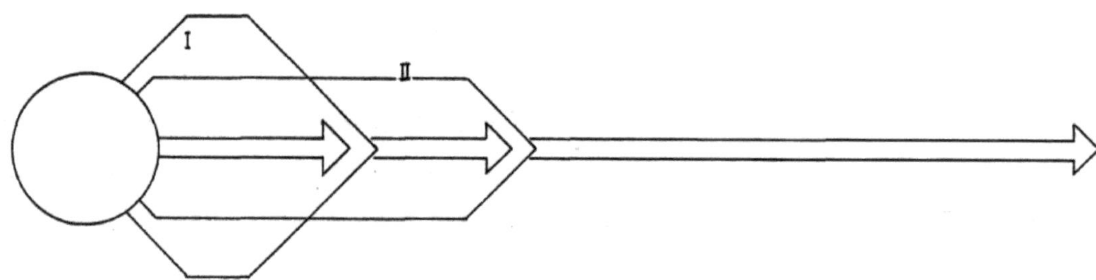

Abb. 1.3

Es kann auch nicht „geistige Arvbeit" generell untersucht werden, sondern nur anhand einer bestimmten geistigen Tätigkeit. Es genügt zunächst festzustellen, daß es sehr unterschiedliche geistige Tätigkeiten gibt, die sich verbal so ausformen wie z. B. lernen, sprechen, erinnern, reflektieren, dichten u. dergl. mehr. Weitere Ausführungen hierzu werden in Kapitel 2.1 gemacht. Die Untersuchung soll jedoch auf das „Planen" als ganz spezifische geistige Tätigkeit beschränkt werden. Es soll zwar versucht werden, das „Planen" in seinen generellen Aspekten zu betrachten, im wesentlichen sollen jedoch Bezüge zum Anwendungsgebiet „Bauwesen" hergestellt werden. Die durch die Untersuchung gewonnenen Erkenntnisse werden sich möglicherweise nicht ohne weiteres auf andere Gebiete des Planens (z. B. Politik, Ökonomie, Forschung u. dergl.) anwenden lassen.

Es besteht ferner die Möglichkeit, die Untersuchung sehr breit anzulegen mit geringerer Tiefe (Alternative I) oder sehr schmal mit umso größerer Untersuchungstiefe (Alternative II) (s. Abb. 1.3). Da die Forschungsrichtung in völliges Neuland führt, wird es vorläufig als besser angesehen, sich für die Alternative I zu entscheiden. Das bedeutet, daß ein möglichst breites, jedoch sicher nicht vollständiges Feld abgesucht wird nach quantitativen Elementen, die als Meßgrößen geeignet sein könnten. Im wesentlichen wird die Untersuchung ein theoretischer und analytischer Schritt sein, der zu ersten Erkenntnissen führt und Anregung sein kann zu weiteren Forschungen theoretischer und empirischer Art. Das Untersuchungsfeld ist also „Planen" als spezifisch geistige Tätigkeit. Ziel der Untersuchung ist, nochmals kurz zusammengefaßt:

> „Durch Analyse mögliche Quanten zu ermitteln, die geeignet sein könnten, Meßgrößen für Planungsarbeit abzugeben."

1.4 Vorgehensweise

Nachdem in Kapitel 1.3 die Begrenzung und in Kapitel 1.2 die Ziele der Untersuchung festgelegt wurden, soll nunmehr die Vorgehensweise kurz skizziert werden (s. hierzu Abb. 1.4). Hauptteil der Untersuchung wird eine Analyse des „Planens" sein. Dabei werden zwei Bereiche unterschieden: einmal der Begriff „Planen" als solcher, zum anderen planungsrelevante Wissenschaftsbereiche.

Der Begriff „Planung" wird in **Kapitel 2** analysiert. Der Begriff wird zergliedert in Wesensmerkmale des Planens oder in mit diesem Begriff

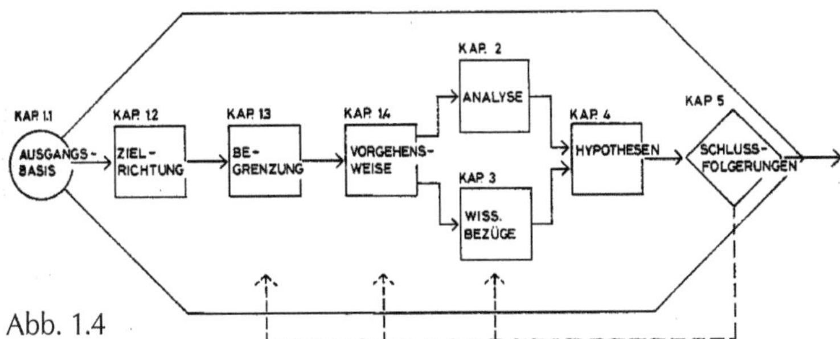

Abb. 1.4

verbundene Eigenschaften. Es wird versucht, Merkmale, Elemente, Strukturen und Gesetzmäßigkeiten aufzuspüren, die zu verwertbaren Erkenntnissen führen können. In **Kapitel 3** werden relevante Wissenschaftsbereiche nach ihrem Beitrag zur Planungsforschung untersucht. Zumindest Teilaspekte der Planung werden in spezifischer Weise behandelt, da sie im Hinblick auf das Ziel der Untersuchung zu neuen Erkenntnissen führen können. Im folgenden **Kapitel 4** sollen die Ergebnisse der Analyse ausgewertet werden. Die einzelnen Elemente werden im Hinblick auf ihre Wahrscheinlichkeit, Quanten für eine Messung der geistigen Arbeit im Rahmen der Bauplanung abzugeben, bewertet. Abschließend werden dann in **Kapitel 5** Schlüsse aus den Erkenntnissen der Untersuchung gezogen. Diese Schlüsse können sich auf eine Weiterverfolgung oder auf Rückkoppelungen beziehen und können Basis für weitere Forschungen sein.

Im „quartären" Zeitalter wird geistige Arbeit zu einem gefragten und tauschbaren Gut.

2 Analyse des Begriffes „Planen"

2.1 Definition

Unter „Planen" wird im allgemeinen verstanden, „einen Plan von etwas (Vorhaben, Tat) machen" (lit 2.1). Aber es wird auch als etwas „planmäßig entwerfen" definiert (lit. 2.26). „Planen" und „entwerfen" liegen hier bemerkenswert dicht beisammen, im Gegensatz zu derzeitigen Tendenzen. Im Mittelhochdeutschen war „planen" noch „ebenen, glätten" (lit 2.27) und soll aus dem Altfranzösischen entlehnt sein (lit. 2.28). Dies wiederum geht zurück auf das Lateinische „planare", das erst seit dem 5. Jahrhundert belegt ist (lit 2.28). Das mhd. „planen" wurde später durch „planieren" verdrängt (lit 2.29). Auch das mhd. „plan, blan" als „Fläche" wurde um 1200 aus dem mlat. „planum" entlehnt, ebenso das altfrz. „plain" als „freier Platz, Kampfplatz". Auch das Adjektiv „plan" als „eben" wurde um 1295 vom lateinischen Adjektiv übernommen und ist seit dem frühneuhd. allgemein verständlich (lit 2.29). Das Wort „Plan" im Sinne von „Grundriß, Vorhaben" erscheint erstmals bei Sperander 1727 als Fremdwort. Ramler wollte 1774 dieses Fremdwort noch durch „Entwurf" ersetzen. Es geht zurück auf das lat. „planta" = Fußsohle und hat sich in seiner Bedeutung über Fußfläche, Fußebene zu Grundriß (ital. pianta d'un edificio) und im 18. Jahrhundert zu schriftstellerischen und künstlerischen Entwürfen gewandelt, um schließlich nur mehr ein „bloß gedachtes Vorhaben" zu bedeuten. In diesem Sinne erscheint „planen" erstmals bei Wächter 1787 und setzt sich schließlich auf Campes Vorschlag für „projektieren" durch (lit 2.29).

Mit „Planen" umgreift (be-greift) man ein menschliches Tun, das eine gegenwärtige und künftige Situation und damit in Zusammenhang stehende, beabsichtigte Handlungen durch zeitliche und räumliche Kontraktion im Vorhinein überschaubar und vorausschaubar machen will. So sind in diesem Sinne zu verstehen „Zeitplan", „Stundenplan", „Reiseplan", „Fahrplan", „Haushaltsplan", „Sozialplan", „Stadtplan", „Bauplan" oder auch „einen Urlaub planen", „einen Überfall planen", „die Entwicklung einer Region planen", „den Bau einer Schule planen" usw. Das „einen Plan machen" reicht zwar sehr nahe an eine manuelle oder maschinelle Herstellung von Plänen heran, ist jedoch nicht gleichzusetzen und muß davon deutlich unterschieden werden. „Planen" ist nicht gleich „Zeichnungen herstellen". Als Gegensatz von „Planen" gilt der Begriff „Improvisieren", womit vor allem das Unvorbereitetsein eines Handelns betont werden soll. Hierdurch wird der Charakter des Begriffes „Planen" als vorbereitetes, vorbedachtes Handeln nochmals unterstrichen.

Oftmals werden die Begriffe „Planen" und „Entwerfen" synonym benutzt, zumindest nicht deutlich abgegrenzt. Die Vorstellungen von „ein Haus planen" und „ein Haus entwerfen" liegen meist sehr nahe beisammen. Der Wortgebrauch ist meist die Frage einer mehr rational oder mehr emotionalen Einstellung des Benutzers, die bis zu ideologischen Auseinandersetzungen über die Gegensätzlichkeit der Begriffe führen kann. Auch die Definitionen „Entwurf" = flüchtige Zeichnung, Skizze, Niederschrift in Stichworten, „Entwerfen" = Entwurf machen, in großen

Zügen darstellen, erste Fassung niederschreiben (lit 2.1), führen nicht zu einer deutlichen Abgrenzung. Etwas weiter hilft das englische Wort für „entwerfen" = „design", das vom lateinischen „designieren" stammt und sehr deutlich das Festlegen und Bestimmen eines vorher noch Vagen, Unbestimmten meint. Während im deutschen Gebrauch unter „Design" eine ästhetische Formgebung verstanden wird, die im Englischen eher mit „styling" bezeichnet wird, geht das englische „design" viel weiter und ist viel konkreter in seiner Bedeutung, da alles Gestaltgeben, Konkretisieren, Materialisieren, genau Definieren von bisher ideellen, abstrakten Zuständen mit „design" bezeichnet wird.

Dieser Wortsinn entspricht auch der Herkunft des Wortes „entwerfen". Im „Wurf" liegt ein deutlicher Bewegungsvorgang, ein „von – bis", ein Hinauswerfen, ein Entspringen. Auch im Ur-sprung liegt etwas von diesem Herausspringen aus Urgründen. Und der Urheber schließlich hebt etwas aus Ideengründen in die Realität. Jeder „Entwurf" hat einen „Urheber", der Ideen Gestalt gegeben hat. Der Begriff „Entwerfen" bezeichnet also die Transformation eines ideellen und abstrakten Zustandes von Daten, Informationen und Vorstellungen in konkrete Gestalt.

„Entwerfen" steht also in keinerlei Widerspruch zu „Planen". Das eine ersetzt auch nicht das andere. Beide Tätigkeiten verfolgen völlig andere Absichten. Ein Gebäude wird ohne „Entwurf" keine konkrete Gestalt annehmen. Die Kompliziertheit und geringe Überschaubarkeit der Aufgabe macht es jedoch in vielerlei Hinsicht, und besonders heute in zunehmendem Maße, notwendig, die gegenwärtige und künftige Situation, alle in irgendeiner Weise wirkenden Einflüsse und alle beabsichtigten und notwendig werdenden Handlungen im Vorhinein überschaubar und voraussehbar zu machen. Und so ist auch gewährleistet, daß für die sicher nicht unbedeutendste Handlung des Entwerfens alles zu Transformierende zur Verfügung steht.

Das Phänomen „Planen" ist eine Erscheinungsform menschlichen Lebens. So ist das „planende" Verhalten auch auf sehr viele und sehr unterschiedliche Objektbereiche gerichtet – Politik, Ökonomie/ Industrie, Infrastruktur, Bevölkerung, Forschung, Erziehungs- und Gesundheitswesen, Technik u. dergl. mehr. Dementsprechend unterliegt dieses Phänomen den unterschiedlichsten Deutungen und Definitionen. RIEGER (lit 2.3) hat den Versuch unternommen, einen Überblick über Definitionen, vor allem aus dem Bereich der Betriebs- und Volkswirtschaft zu geben. Es zeigt sich eine schillernde Vielfalt von dem „einfachen, linearen Programmierungsproblem" bis zur Aussage von MELLEROWICZ: *„Keine menschliche Tätigkeit, mag sie noch so einfach sein, kann auf Planung verzichten."* RIEGER (lit 2.3 S. 27) kommt zu dem Ergebnis, daß der Planungsbegriff für die Sozialökonomie eine zentrale Bedeutung hat, daß er jedoch sehr umfangreich ist und eine große Anzahl wohl unterscheidbarer Phänomene und Phänomenklassen enthält. Er bemerkt, daß die Aussageform üblicher Definitionsversuche Anlaß vieler Mißverständnisse ist, da oft Teilbereiche zum eigentlichen Träger des Zeichens „Planung", jedoch mit dem Anspruch auf Allgemeingültigkeit erhoben werden. Es drängt sich der Schluß auf, daß das Phänomen „Planung", da es menschliches Verhalten ist, nicht aus Objekten oder Objektbereichen heraus zu definieren ist. Das heißt nicht, daß „Planen" ohne Objekt denkbar wäre. „Planeri" ist immer auf ein Objekt gerichtet, aber es scheint sich in seinen Elementen weitgehend an die Struktur der Objekte anzupassen. Es erhebt sich damit die Frage nach den Invariablen des planenden Verhaltens.

Zwar scheinbar unabhängig von Objekteinflüssen, jedoch in philosophischer Hinsicht etwas tendenziell gibt LENK (lit 2.4 S. 73-85) einen Überblick über „Planungsdefinitionen". Er ist offensichtlich bemüht, nachzuweisen, daß der Planungsforscher – aus Objektbereichen kommend – ohne den Wissenschaftstheoretiker nicht auskommt. Er wagt selbst keine Definition, spricht von „Kennzeichenpluralität" und verneint eine „Einheit des Planbegriffs" (S. 78). Er stellt fest, daß kein *„einziger durchgehender Zug vorhanden und zur eindeutigen Wesenskennzeichnung geeignet wäre"* (S. 81) und bezieht sich dabei auf die antiessentialistische Philosophie Wittgensteins (S. 77). *„Der strikte Essentialismus ist eine von Platon stammende Lehre, daß jeder Ausdruck – insbesondere jeder Gattungsausdruck – eine einheitliche Bedeutung hat, die genau eine konstante Wesenheit, eine Substanz oder Essenz, bezeichnet, welche durch ihre Wesensmerkmale bestimmt ist: Damit etwas richtig unter einen solchen Ausdruck subsummiert werden kann, müssen alle Wesenseigenschaften auf das betreffende Etwas zutreffen. Bei abstrakten Ausdrücken ist diese Wesenheit nach Ansicht des strikten Essentialismus als ein ideeller Gegenstand hinter dem sprachlich auftretenden Ausdruck verborgen und muß erst durch eine Analyse und eine intuitive Wesenseinsicht erkannt und in einer allein zutreffenden, wahren Wesensdefinition enthüllt werden. Diese Wesensdefinition beantwortet ,Was-ist'-Fragen, etwa: ,Was ist eigentlich Zeit?', durch Angaben der ein für allemal bestimmten Wesensmerkmale, die dieser Substanz eigentlich zukommen und ihre Essenz ausmachen."*

Denken ist ökonomisches Verhalten angesichts unüberschaubarer Situationen.

Unter dieser essentialistischen Philosophie ist wohl eine bestimmte Richtung der Phänomenologie (lit 2.6) zu verstehen, die ursprünglich jedoch als radikaler Empirismus und Positivismus entstanden ist. Man wollte weg von der spekulativen Philosophie und „zu den Sachen selbst". Man wollte so genau, so vollständig und so unvoreingenommen wie möglich das Gegebene beschreiben. Ihre Vertreter kamen aus allen Wissenschaftsbereichen, z. B. die Physiker Hertz (1857-1894) und Mach (1838-1916). So war dieser universelle Empirismus eher eine Haltung als eine Philosophie. Auch Husserl (1859-1938) war zunächst Anhänger dieser deskriptiven Phänomenologie, wollte jedoch später durch die Methode der eidetischen Reduktion die Phänomene analysieren und das Wesen abstrahieren.

Was sich in einer Vielfalt von Variationen als invariant erweist, wird als Wesen bezeichnet, seien dies nun objektive Formen oder auch subjektive Erlebnisweisen und Einstellungen. Aus dieser eidetischen Phänomenologie entwickelte sich später die sog. Wesensphänomenologie dadurch, daß der Phänomenbereich in den Bereich der Ethik und der Werte erweitert und das korrelierende Subjekt ebenfalls zum Gegenstand der Analyse wurde. Zu dieser Gruppe zählen Scheler (1874-1928) und Nic. Hartmann (1882-1950). Vom späten Husserl wird diese Subjektivität dann bis zur Transzendentalität erweitert. Heidegger wendet sich zwar gegen eine Transzendenz, ihm genügt jedoch eine Deskription der Phänomene nicht. Er bezieht alles auf den Menschen, auf das eigentliche ICH, als „Dasein", das allem Wirklichen Sinn verleiht. Phänomene bedürfen einer Auslegung, die *„das, was sich zeigt, so wie es sich von ihm selbst her zeigt, von ihm selbst her sehen läßt."*

Die im Grunde positivistische Phänomenologie ist durch diese Versuche, „Wesens"gegebenheiten der Phänomene zu beschreiben, nicht ohne Widerspruch geblieben. Insbesondere wendet sich der aus dem „Wiener Kreis" hervorgegangene logische Positivismus – auch Neopositivismus – gegen jede Metaphysik und Philosophie und will es nur mit naturwissenschaftlichen Erkenntnisinhalten zu tun haben. Zu diesem Kreis gehören Schlick (1882-1936), Carnap (1891-1970) u. a. Wittgenstein (1889-1951) steht ihm nahe wie auch B. Russell (1872-1970) (lit 2.5). Die Neopositivisten lösen die Philosophie von der Wirklichkeit, der Welt der Tatsachen, und sehen ihre einzige Domäne in der logischen Analyse der Sprache. Wittgenstein schreibt in seinem Hauptwerk „Tractatus": *„Die Gesamtheit der wahren Sätze ist ... die Gesamtheit der Naturwissenschaften. Die Philosophie ist keine der Naturwissenschaften. Der Zweck der Philosophie ist die logische Klärung der Gedanken. Die Philosophie ist keine Lehre, sondern eine Tätigkeit. Das Resultat der Philosophie sind nicht philosophische Sätze, sondern das Klarwerden von Sätzen".* Auch Schlick definiert: *„Es ist das eigentliche Geschäft der Philosophie, den Sinn von Behauptungen und Fragen zu suchen und klarzumachen. Der Sinn jeden Satzes wird in letzter Linie ganz allein durch Gegebenes bestimmt und schlechterdings durch nichts anderes."* (lit 2.6 S. 271). Nach Wittgenstein besteht die Welt aus elementaren, voneinander unabhängigen Sachverhalten, die sich jedoch nur in der Sprache zeigen. Er reduziert auf „atomare Sätze", so wie Russell vom „logischen Atomismus" und Hempel von „Protokollsätzen" spricht.

Die Sprache stellt dem Denken Begriffe zur Verfügung.

Wittgenstein läßt später die Konzeption einer „idealen" Sprache fallen und untersucht eine Vielzahl von „Sprachspielen" (lit 2.5). Hierauf bezieht sich LENK (lit 2.4 S. 81), wenn er sagt: *„Ebenso wenig wie die in ihrer Erscheinungsvielfalt unüberschaubaren Spiele sich durch einen durchgehenden, allen Instanzen gemeinsamen Zug charakterisieren lassen, ebenso wenig sind genetische Erbmuster, Handlungsentwürfe und Baumodelle durch einen durchgehenden Wesenszug scharf zu kennzeichnen."* In diesen Ausführungen Lenk's wird „Planung" behandelt wie ein abstrakter Begriff für ein nicht überschaubares und schwer faßbares Ding, ein Geschehen, das in Büros, in Amtsstuben, an Reißbrettern, Plantafeln und Diskussionsrunden stattfindet, kurz ein Geschehen der Außenwelt. „Planung" ist jedoch ein Ding, das es eigentlich nicht gibt. Schon Francis Bacon (1561-1626) sprach von „Namen von Dingen, die es nicht gibt". Auch die Positivisten haben erkannt, daß philosophische Redeweise zuweilen Objekte vortäuscht, die nicht existieren, und Russell benutzte symbolische Mittel, um sprachliche Gebilde aufzulösen, die nur scheinbar einen Gegenstand bezeichnen (lit 2.6 S. 276).

„Planung" oder „Plan" können zwar – als Ergebnisse des Planens – als Dinge der Außenwelt aufgefaßt werden. Sie erscheinen jedoch, durch Anpassung an Objektsituationen, als **individuelle** Objekte. Es ist einsichtig, daß sie nur sehr schwer Erklärungen zugänglich sind und der Begriff des Planens auf diesem Wege nicht eindeutig definiert werden kann. Wenn „Planung" jedoch die substantivierte Form von „planen" ist, dann ist es ein Name für ein Ding, das es eigentlich nicht gibt. „Planen" und „Planung" gehören zusammen wie „vorstellen" und „Vorstellung", „deuten" und „Deutung". Die Analyse des Begriffs „Planung" muß bei der Tätigkeit „planen" beginnen. Und „planen" ist ein Begriff der Innenwelt, ganz im Sinne einer modernen Verhaltenspsychologie, die auf eine Innenwelt nur aus dem erkennbaren Verhalten schließt (lit 2.5 S. 299). „Planen" ist ein Verhalten eines Subjektes, – ein spezifisches Verhalten wie „vorstellen", „erklären", – ein bestimmtes Denkverhalten. Vielleicht ist dies zunächst die erste und wichtigste Erkenntnis, daß „Planen" ein subjektives Verhalten ist, das nicht über objektspezifische Ausprägungen erfaßt werden kann, sondern hiervon abstrahiert werden muß. Das Subjekt selbst muß zum Gegenstand der Erkenntnis werden.

Nun ist „Planen" auch kein eindeutig definierbares Verhalten. Es muß also versucht werden, auf dem Wege einer empirischen Abstraktion das Invariante herauszuschälen. Ob sich dieser Erkenntnisvorgang nun an eine deskriptive oder eine eidetische Phänomenologie anlehnt, die Frage wird immer sein: „Was ist eigentlich Planen?" Es ist andererseits sicher nicht sinnvoll, transzendentale Bezüge herzustellen, selbst wenn es primär um das den Objekten korrelierende Subjekt geht. Dieser Subjektbezug heißt auch nicht, daß im nominalistischen Sinne den Begriffen außerhalb des Denkens keine objektive Realität zukommen würde. Sondern der Versuch, das „Wesen des Planens" zu analysieren, sollte durchaus einer wissenschaftstheoretischen Realdefinition entsprechen. Unter „Wesen" wird hierbei verstanden die Eigenart, das Eigentümliche, die Beschaffenheit eines empirisch Vorhandenen, – das Sosein eines Daseins.

Auch die psychologische Bedeutung von „Wesen" als Gestaltqualität, als „erlebte Eigenschaft" mag noch gelten. Hempel unterscheidet die Realdefinition zwar (lit 2.6 S. 336 ff.) nach Bedeutungsanalyse, empirische Analyse und Begriffsexplikation. Die Bedeutungsanalyse versucht einen bereits bekannten Begriff in seine einzelnen Komponenten zu zerlegen und notwendige und hinreichende Bedingungen für die Anwendung des Begriffes anzugeben, wobei die Bedingungen mit logischer Notwendigkeit gelten. Bei der empirischen Analyse sollen diese Bedingungen nicht mit logischer, sondern mit naturgesetzlicher Notwendigkeit gelten. Bei der Begriffsexplikation wird ein Begriff mit einer mehr oder weniger vagen Bedeutung durch einen präziseren ersetzt. Dies geschieht dadurch, daß man für den Gebrauch des Begriffes exakte Regeln formuliert. Es läßt sich jedoch schwer voraussagen, welcher speziellen Form einer Realdefinition die Analyse entsprechen wird. Man könnte auch ganz einfach mit Kant sagen, daß es darum geht, die „Prinzipien" des Planens zu erkennen.

2.2
Planen ist Denken

„Planen" wurde zunächst als menschliches Verhalten, als Denktätigkeit, erkannt. Kann dies bei genauerer Prüfung aufrechterhalten werden, und in welcher Beziehung steht „Planen" zu „Denken"? „Denken" wird im allgemeinen als eine Tätigkeit des menschlichen „Geistes" verstanden. Es findet sich jedoch auch die Definition des Denkens als „aktives, seelisches Verhalten" (lit 2.2). Denken, Fühlen und Wollen werden auch zu den drei „seelischen Vermögen" gezählt (lit 2.5 S. 536 u. S. 591). An anderer Stelle wird von Denken, Phantasie (Vorstellung) und Sinnlichkeit (Anschauung) als von den drei „menschlichen Vermögen" gesprochen (lit 2.6 S. 234), aber auch von Sinnlichkeit, Phantasie (Einfühlungskraft) und Geist (Verstand, Vernunft) als den drei „Vermögensstufen" (lit 2.6 S. 39). In der Tat sind der Gebrauch und die Definition von „Geist" und „Seele" in der Wissenschaft sehr uneinheitlich. Nach dem zuletzt zitierten Beispiel würde „Denken" gleichgesetzt mit „Geist". Parmenides (lit 2.6 S. 36) benutzt „Denken" und „Geist" synonym. Aristoteles differenziert die personale Einheit nach Seins–Bereichen:
- Totes
- Vegetativ Animalisches (Planzenhaftes)
- Sensitiv Animalisches (Tierisches)
- Geistiges
- Göttliches

Die spezifische Funktion des Geistes ist nach seiner Auffassung das „Denken" (Wollen) (lit 2.6 S. 237). Für ihn ist „Geist" die „Vernunftseele" als Prinzip des Denkens und Wollens –; im Unterschied zur „vegetativen Seele" und „animalischen Seele" (lit 2.7 S. 264). „Seele" ist also ein dem „Geist" übergeordneter Begriff. Für Platon stuft sich die „Seele" in „Geist", „Gemüt" und „Leidenschaft" (lit 2.6 S. 237). Später wird im allgemeinen jedoch unterschieden zwischen Leib – Seele – Geist.

Die Wirklichkeit durch die Unterscheidung von Seins-Schichten zu erklären, setzt sich in Philosophie und Psychologie bis in die Neuzeit fort. So spricht auch Freud von dem triebhaften „Es", dem eigentlichen „Ich" und dem moralischen „Über-Ich" (lit 2.7 S. 265). Rothacker unterscheidet als Schichten eines organisch-seelischen Gesamt: 1. das vegetative und animalische Leben in mir, 2. mein vor allem trieb- und gefühlsbestimmtes Es, 3. mein eigentliches, **denkendes**, seiner selbst bewußtes ICH (lit 2.5 S. 575), das er später noch weiter differenziert (lit 2.7 S. 266). Der Philosoph Hartmann unterteilt nach anorganischen, lebendigen, seelischen und geistigen Seinsschichten (lit 2.7 S. 266). Cabanis findet Entsprechungen im Zentralnervensystem:
- Rückenmark und Stammhirn als vitales Regulationszentrum,
- das Zwischenhirn als Ort der primären (automatisierten) Integration
- sensorischer und motorischer Impulse,
- das Neuhirn als Voraussetzung des **planmäßigen** Handelns (lit 2.7 S. 265).

Auch die dualistischen Auffassungen haben einen festen Platz in den spekulativen Wissenschaften. So spielte das Leib-Seele-Problem in der Psychologie lange Zeit eine große Rolle (lit 2.7 S. 185 u. lit 2.5 S. 381). Die Theorie der psycho–physischen (somatischen) Wechselwirkungen wird heute in der medizinischen Psychosomatik erfolgreich fortgesetzt. Die „Seele" wird jedoch nicht mehr so sehr als Gegenstand der Psychologie als vielmehr nur noch der Philosophie und Theologie angesehen (lit 2.2). „Seele" wird nur noch als hypothetischer Begriff für etwas angesehen, das sich nur in Abläufen manifestiert und empirisch nur durch Beobachtung des Verhaltens festgestellt werden kann. Insofern wäre „Denken" richtig als psychisches Verhalten definiert.

So wird auch heute noch sehr unklar „Geist" als „belebendes, beseelendes, immaterielles Prinzip im Menschen" bezeichnet (lit 2.2). Dagegen steht im heutigen philosophischen Gebrauch „Geist" im Gegensatz zu „Natur". Während „Natur" die „Gesamtheit aller unmittelbaren Wirklichkeit, aller Dinge und Geschehnisse in ihrem ganzheitlichen Zusammenhang, formal das Sein überhaupt" ist, gilt der „Geist" als eine „Möglichkeit", eine „Fähigkeit, er selbst zu werden" durch geistige Arbeit (lit 2.5 S. 449 und 209). Die Bedürfnisse des Menschen sind weitgehend die gleichen, und „Seele" reagiert in typischer, psychologisch-gesetzlicher Weise. Der „Geist" jedoch hat eine eigene Gesetzlichkeit und Mannigfaltigkeit, die psychologisch nicht erfaßt werden kann. Der „personale Geist" wird er selbst durch das Hineinwachsen des Individuums in die Welt des objektiven und objektivierten Geistes, in Kultur, Kunst, Wissenschaft, Sprache usw. – kurz in die Welt der geistigen Schöpfungen. *„Dieses Hineinwachsen ist seine Menschwerdung, sofern unter Mensch ein Lebewesen verstanden wird, das sich durch seine ‚Geistigkeit', d. h. durch sein Freigewordensein von der unmittelbaren Herrschaft der Triebe und durch seine innere Distanziertheit von den Ereignissen und Dingen, von anderen Lebewesen unterscheidet"* (lit 2.5 S. 209).

Im heutigen ontologischen Sinne ist „Geist" im Unterschied zu „Seele" eine besondere Seinsstufe. Während „Seele" alle inneren Zustände bezeichnet, kommt dem Geist eine eigene, höhere Wirklichkeit zu (lit 2.2). Für Klages ist die Seele die „Trägerin der rhythmisch fließenden Lebensvorgänge, während der Geist im Gegensatz dazu intermittiert" (lit 2.5 S. 591). In seinem Dualismus zwischen „Leben" und „Geist" ist „Geist" der *„Sachverhalt, durch den es geschieht, daß aus dem Vorgang eine Tätigkeit wird."* (lit 2.5 S. 209).

Die philosophische Anthropologie – insbesondere seit Max Scheler (lit 2.6 S. 9) – beschreibt „Funktions"bereiche, die bereits zu Anfang erwähnten „Vermögen" des Menschen. Im heutigen Sinne werden darunter Aktualisierungsmöglichkeiten des Menschen verstanden. Weitgehend verbindlich unterscheidet man nach den beiden Bereichen „Geist" und „Sinnlichkeit" und den theoretischen, den emotionalen und den praktischen „Vermögen". So ergibt sich folgendes Modell (lit 2.6 S. 14):

	theoretisch	emotional	praktisch
Geist	**Denken**	Gemüt	Wollen
Sinnlichkeit	Empfindung	Gefühl	Trieb

Manchmal wird der Phantasie eine Vermittlerrolle zwischen Geist und Sinnlichkeit zugedacht, wobei man insbesondere eine emotionale und eine praktische Phantasie unterscheidet, als produzierendes und projektiv-projizierendes Vermögen. In diesem Modell erscheint „Denken" als

Denken ist eine Superstrategie, um komplexe System zu beherrschen.

*Denken benutzt Inhalte
sowohl cerebraler als auch
universaler Speicher.*

theoretisches Vermögen des „Geist"bereiches. Es wird jedoch eingeräumt, daß sich dieses Feld in „weitere Elemente wie Verstand, Vernunft, Denken usw." unterteilen läßt. Aus all dem läßt sich zunächst folgern, daß sich „Vorgänge" von geistigen „Tätigkeiten" unterscheiden lassen. Es ist nicht von Belang, ob diese Vorgänge als dem Bereich des Seelischen, Sinnlichen, Animalischen oder Psychosomatischen zugehörig bezeichnet werden. Auch spielt es im Rahmen dieser Untersuchung keine Rolle, ob dem Bereich des Geistigen eine eigene Wirklichkeit zugeschrieben wird oder ob „Geistiges" eine phylogenetische Eigenart ist. Es ist jedenfalls von Bedeutung, daß es sich hierbei um die Fähigkeit handelt, Elemente primärer und sekundärer Erfahrung willentlich und in freier Entscheidung zu gestalten.

Eine weitere Erkenntnis ist, daß es geistige Tätigkeiten unterschiedlicher Art zu geben scheint. So wurden außer „Denken" bereits „Verstand" und „Vernunft" genannt (lit 2.6 S. 14). Nach Herder leitet sich Vernunft von Vernehmen ab und ist das geistige Organ, mit dem das Göttliche, Unsichtbare, Transzendente empfangen wird. „Vernunft" ist die geistige Fähigkeit oder Tätigkeit, universelle Zusammenhänge zu erkennen und das Handeln entsprechend auszurichten (lit 2.5 S. 686). Nach Kant ist „Transzendieren" eine ganz spezifische, geistige Tätigkeit. „Verstand" hingegen ist die Fähigkeit, *die Gegenstände und ihre Beziehungen durch Begriffe zu denken"* (Wundt). Es ist das Vermögen der Begriffe, Urteile und Regeln (Kant) (lit 2.5 S. 687). Verstand wird im allgemeinen mit Intellekt gleichgesetzt. „Intellekt" wird definiert als „Denkkraft", Einsicht, der Inbegriff derjenigen geistigen Funktionen (Vergleich, Abstraktion, Begriffsbildung, Urteil, Schluß usw.), die aus Wahrnehmungen Erkenntnisse machen (lit 2.5 S. 301). Vernunft scheint also die „Fähigkeit, zu transzendieren" und Verstand die „Fähigkeit, zu denken" zu sein. „Ratio" steht im allgemeinen für Verstand und Vernunft, und „rational" tendiert stark zum Vernunftsmäßigen im Gegensatz zum Gefühlsmäßigen, Irrationalen (lit 2.5 S. 536). Bei **„Intelligenz"** handelt es sich um einen Begabungsfaktor des Intellektes, Verstandes. Im allgemeinen unterscheidet man drei Dimensionen: eine Tiefendimension der Erfassung des Wesentlichen, der Mannigfaltigkeit der berücksichtigten Gegebenheiten. Es lassen sich jedoch eine große Zahl einzelner Faktoren empirisch ermitteln, was zu verschiedenen Modellvorstellungen geführt hat (lit 2.7 S. 175). Als sehr bedeutend wird der Hinweis angesehen, daß Intelligenz eine Größe ist, die in den zeitlichen Ablauf des Denkens eingeht (lit 2.7 S. 173). Intelligenz bewirkt, daß Denkakte in unterschiedlichen Zeiten ablaufen und ist damit eine **Leistungsgröße des Denkens**. Der Intelligenzquotient und die Entwicklung adäquater Meßmethoden spielen in der modernen Psychologie eine große Rolle.

Es lässt sich heute nicht mehr aufrechterhalten, daß neben „Denken" auch „Verstand" und „Vernunft" unterscheidbare Vermögen des theoretischen Geistbereiches sind. Die Unterscheidung in Verstand und Vernunft ist auch eine Eigenart nur der deutschen Sprache und bezieht sich nur auf die dem Denken verfügbaren Wertsysteme. Verstand (Ratio, Intellekt) als „Fähigkeit zu denken" wird heute als die Summe aller möglichen Denkoperationen, Denkinhalte und Denkprodukte angesehen (lit 2.8).

Es lassen sich keine weiteren Hinweise finden, daß es geistige Fähigkeiten oder Tätigkeiten gibt, die sich vom **„Denken"** eindeutig abgrenzen lassen. So wird zwar „Erkennen" als selbständiges, theoretisches Verhalten des Menschen bezeichnet (lit 2.6 S. 39), aber auch „Denken" als Funktion des Erkennens oder als „erkennendes Denken" (lit 2.5, S. 107). Auch werden mitunter „Bewusstsein" und „Gewissen" als besondere geistige Fähigkeiten genannt. Für beide Begriffe stand im Lateinischen „conscientia". In der Psychologie bezeichnet man mit **„Bewußtsein"** die Inhalte, die von einem Wissen begleitet sind – Wissen um ein Wissen, Begleit-wissen, Ge-wissen (lit 2.5 S. 66 u. lit 2.7 S. 77). „Gewissen" ist sittliches Bewußtsein, das Wissen vom sittlichen Wert des eigenen Verhaltens (lit 2.5 S. 221). Die geistige Tätigkeit des „Bewußtmachens" läßt sich jedoch vom „Denken" nicht abgrenzen, denn jedes Denken schließt das Bewußtmachen von Gedächtnisinhalten ein.

An anderer Stelle wird gesagt, daß „Denken" vom „Vorstellen" ebenso unterschieden werden muß wie vom „Sprechen" (lit 2.2); gleichzeitig wird jedoch eingeräumt, daß alles bewußte Denken an Anschauungs- und Wortvorstellungen gebunden ist. Und so fällt es nicht schwer, eine Fülle verbaler Ausprägungen von geistigen Tätigkeiten zu benennen, die zwar nicht „Denken" als solches sind, auf deren Einsatz jedoch Denken nicht verzichten kann, z. B. reflektieren, vorstellen, erinnern, analysieren, ordnen, kombinieren, optimieren, assoziieren, werten, abwägen, entscheiden, urteilen, erfinden, planen, transformieren, sprechen usw. Es scheint so, daß diese Ausprägungen jeweils „Bedeutungsfelder" umschreiben, die sich teilweise oder ganz überlagern (s. Abb. 2.1). Im „Entscheiden" wird immer etwas von „Werten" und „Abwägen" enthalten sein. „Werten" und „Abwägen" sind nicht ganz aber weitgehend deckungsgleich. Im „Kombinieren" werden sich immer Momente des „Erinnerns", des „Vorstellens", „Abwägens" und sicher noch weitere vereinen. So wäre es denkbar, daß sich das ganze Feld der geistigen Tätigkeiten in weitgehend unbekannte, elementare Bausteine, „atomare Tätigkeiten" unterteilt, deren jeweilige Kombination zu Tätigkeitskomplexen auch zu bestimmten verbalen Ausformungen geführt hat. Je nach Zweck und Ziel der geistigen Aktivität ergeben sich Begriffs– und Bedeutungsketten, die für den jeweiligen Denkakt zwangsläufige Notwendigkeit besitzen.

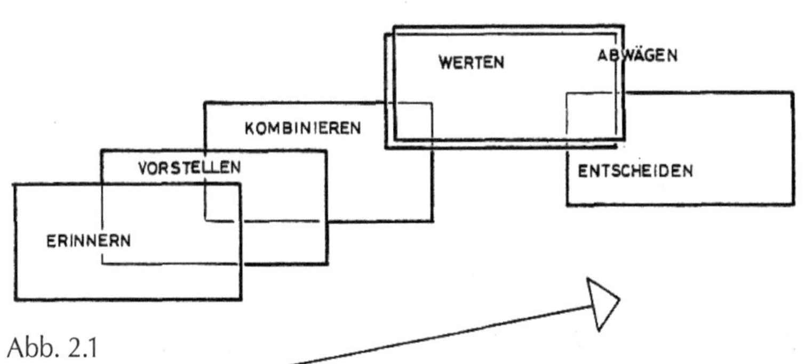

Abb. 2.1

Im Rahmen der Intelligenzforschung hat man empirisch eine sehr große Anzahl von unterschiedlichen Intelligenzfaktoren identifiziert. Hierauf baut eine der drei Faktoren-Theorien – die sog. „Sampling-Theorie" von G. H. Thomson und E. L. Thorndike – auf, die besagt, daß es eine sehr große Anzahl nicht näher identifizierter, elementarer Begabungsfaktoren gibt. Jede Intelligenzleistung (T 1, T 2, T 3) stellt eine bestimmte Stichprobe (sample) aus diesem Universum der Elementarfaktoren dar (s. Abb.

2.2). Teilweise kommen in den Leistungen gemeinsame Faktoren zur Geltung (lit 2.7 S. 175).

Da sich aus den Untersuchungen nicht ableiten läßt, daß es neben dem „Denken" weitere deutlich unterscheidbare, geistige Tätigkeiten gibt, wird hier davon ausgegangen, daß der Begriff „Denken" in gewisser Weise die Funktion eines Sammelbegriffs erfüllt und alle speziellen, geistigen Tätigkeiten in sich einschließt. Das gesamte Feld aller elementaren, geistigen Tätigkeiten heißt „Denken". Da sich Denkakte jedoch je nach Aufgabe durch die Abfolge der Einzeltätigkeiten unterscheiden, wäre auch die Interpretation zulässig, daß es sich beim **Denken** um eine zielgerichtete Aktivierung einer Tätigkeitsabfolge handelt. Denken könnte demnach als das „Aktivieren elementarer, geistiger Tätigkeiten oder ganzer Tätigkeitskomplexe in sinnvoller Reihenfolge" definiert werden.

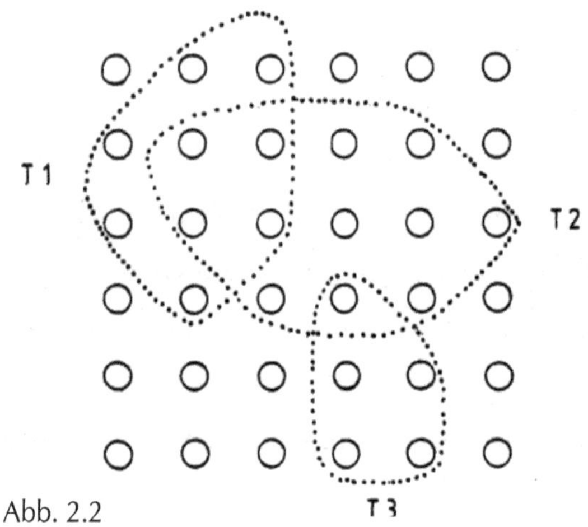

Man spricht auch vom „Ablauf" oder vom „Flug" der Gedanken. Die ältere Psychologie hat das Denken als eine Verbindung (Assoziation) von anschaulichen „Vorstellungen" angesehen. In neuerer Zeit werden besonders die „determinierenden Tendenzen" und der überwiegend „unanschauliche" Charakter des Denkens betont. Auch wurde festgestellt, daß Denken nur zu einem geringen Grad mit „Bewußt"-sein geschieht, und daß es sich um „Umstrukturierungen" von Inhalten handelt. Nur ein Teil des Denkens erfolgt in „sprachlicher" Ausformung. Bei Platon waren Sprechen und Denken noch identisch (lit 2.7 S. 89). Wenn auf eine „Enge des Bewußtseins" hingewiesen wird, mag das auch an der Sprachhaftigkeit des Bewußtseins liegen, was wiederum auch eine Enge des sprachhaften, bewußten Denkens erklärt (lit 2.7 S. 81). Die Sprache stellt dem Denken Begriffe, „Denkformeln", zur Verfügung.

Während bei Kant die „Logik" noch die Wissenschaft war, die *„nichts als die formalen Regeln alles **Denkens** ausführlich darlegt und strenge beweiset"* (lit 2.6 S. 130), wird sie heute definiert als die Wissenschaft, die untersucht, welche Aussageformen „wahre" Aussageformen sind, sich also lediglich auf den Bereich des Sprachlichen bezieht. Über die Sprache werden also dem sprachhaften Denkanteil auch „logische" Regeln geliefert.

So schreibt man dem Denken auch gewisse unterschiedliche Eigenschaften zu. Denken ist **diskursiv**, wenn es sich in Begriffen bewegt, urteilt, schließt, – **intuitiv**, wenn es seinen Gegenstand unmittelbar erfaßt (z. B. plötzliche Problemlösung), – **reproduktiv**, wenn es auf Verwendung erworbener Kenntnisse beschränkt ist, – **produktiv**, wenn es schöpferisch neue Ergebnisse erarbeitet, – **symbolisch**, wenn Begriffe durch Bilder ersetzt werden, – **reflektierend**, wenn es sich den Zusammenhang seiner Gedanken bewußt macht (lit 2.2). Ein umfassendes theoretisches Modell des Verstandes liefert Guilford (lit 2.8 S. 111) (s. Abb. 2.3).

Abb. 2.2

„Die drei Dimensionen bilden Denkoperationen, Denkprodukte und Denkinhalte. Sie sind jeweils in einzelne Klassen aufgeteilt. Fünf Operationen lassen sich unterscheiden. Kognizieren aktualisiert das vom Gedächtnis bereitgestellte Wissen, durch divergierendes Denken werden mehrere neue Ideen möglich, und bei konvergierendem Denken werden die Gedankengänge fokusiert auf eine Idee. Durch Bewertung wird die beste bzw. richtige Idee identifiziert. Diese Operationen liefern Produkte, es können Einheiten isoliert, Klassen gebildet, Beziehungen gesehen, Systeme aufgebaut, Transformationen hergestellt und Implikationen abgeleitet werden. Die Inhalte dieser Produkte stellen die überhaupt möglichen kognitiven Inhalte dar. So sind bildliche Inhalte in der bildenden Kunst wichtig, semantische Inhalte in der Literatur, symbolische Inhalte etwa in der Mathematik. Verhaltensinhalte sind für das Herstellen sozialer Beziehungen wichtig (soziale Intelligenz) und sind vermutlich besonders für die Kommunikation von Gedanken erforderlich. Die Schnittpunkte der einzelnen Klassen dieser Dimensionen – im Modell als Zellen dargestellt – repräsentieren die spezifischen Intelligenzfaktoren."

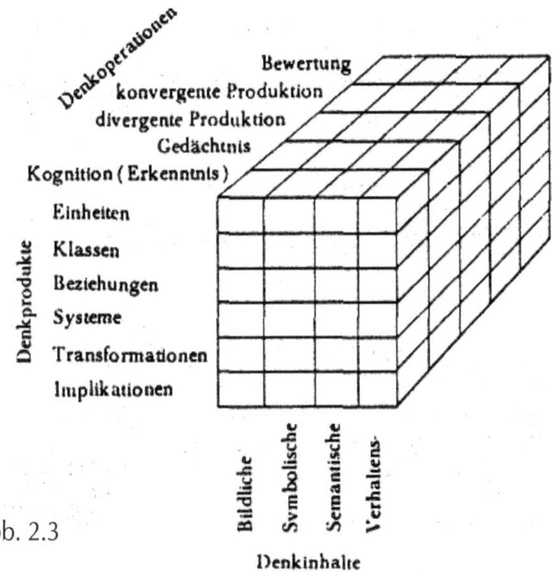

Abb. 2.3

Theoretisches Modell für die Gesamtstruktur des Verstandes
(aus Guilford, J.P: Persönlichkeit, Weinheim 1964)

So lassen sich also durch Beobachtung 120 nach Art, Inhalt und Produkt unterschiedliche Denk-„vermögen" feststellen, die etwa gleichzusetzen sind mit den elementaren geistigen Tätigkeiten, wenn auch erkennbar ist, daß dieses Modell des Verstandes durch die psychologische Forschung ständig um neue Erkenntnisse erweitert wird. Für diese Betrachtung genügt die Tatsache, daß sich empirisch eine große Anzahl von elementaren, geistigen Tätigkeiten feststellen läßt, die alle unter „Denken" subsumiert werden. Dabei haben gewisse Tätigkeitskomplexe, – „Gedankengänge", „Standard"operationen, – sprachliche Ausformungen gefunden, die jedoch nicht ohne weiteres Schlüsse auf die Grundelemente zulassen.

Freud schildert den Zustand des „Denkens": *„Die (unter dem Druck der Realität) notwendig gewordene Aufhaltung der motorischen Abfuhr (des Handelns) wurde durch den Denkprozess besorgt, welcher sich aus dem Vorstellen herausbildete. Das Denken wurde mit Eigenschaften ausgestattet, welche dem seelischen Apparat das Ertragen der erhöhten Reizspannung während des Aufschubs der Abfuhr ermöglichten. Es ist im wesentlichen ein Probehandeln mit Verschiebung kleiner Besetzungsquantitäten unter geringer Verausgabung (Abfuhr) derselben"* (lit 2.7 S. 86). Wenn ererbte Instinkthandlungen und erlernte Verhaltensweisen nicht ausreichen zur Bewältigung von Situationen, pflegt man eine Weile innezuhalten, um das weitere Vorgehen zu überlegen. Dieses Probehandeln ist Gegenstand der „Denkpsychologie", die in Abschnitt 3 noch weiter behandelt wird.

Was Freud damit sagt, ist, daß **Denken** im Grunde ein **ökonomisches Verhalten** ist. Man könnte auch sagen, daß sich Denken aus einer ökonomischen Grundhaltung des biologischen Individuums entwickelt hat. „Rationales" Verhalten ist im Grunde ein ökonomisches Verhalten. Konzentriertes Denken ergibt zwar einen stündlichen Mehrverbrauch von 14 Kalorien, das sind jedoch nur 8 % des Verbrauchs bei leichter oder 5 % bei mittelschwerer körperlicher Arbeit (lit 2.7 S. 190). Mit „Denken" werden mögliche, energieaufwendige Handlungen und deren Konsequenzen mit dem geringsten Kraftaufwand vorweggenommen. In den Philosophien von Mach (1838-1916) und Avenarius (1843-1896) spielt die „Ökonomie des Denkens" eine große Rolle. „Denken" versuche mit einem Minimum von Denkmitteln ein Maximum von Denkgegenständen zu umfassen (lit 2.5 S. 475). Naturgesetze seien nicht etwa Gesetze, nach denen sich die Natur richtet, sondern energiesparende Erfindungen unseres Denkens (lit 2.6 S. 268). Wissenschaft sei eine Minimumaufgabe, wodurch Tatsachen durch Begriffsbildung mit dem geringsten Aufwand vollständig erfaßt würden (lit 2.5 S. 108). So wird heute auch versucht, Standardoperationen des Denkens weitgehend nachzubilden und durch Maschinen (Computer) ausführen zu lassen. Kybernetik und Informationstheorie haben sehr viel zum Verständnis des Denkens beigetragen. Unter diesen Gesichtspunkten wird Denken auch vielfach als ein Prozess der **Verarbeitung von Daten** angesehen.

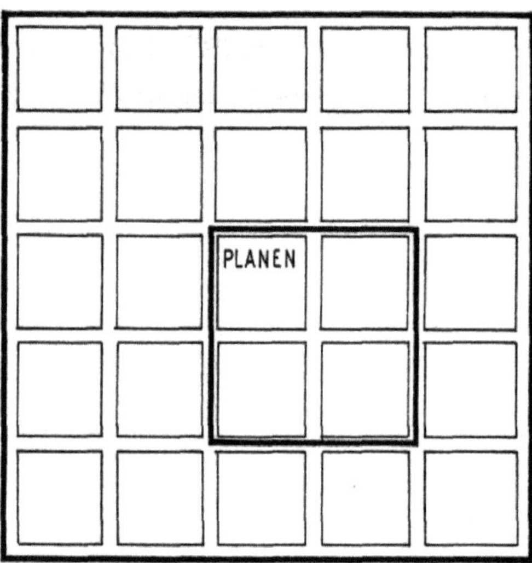

Abb. 2.4

Wenn man davon ausgeht, daß das, was „Vorgänge" zu „Tätigkeiten" macht, Geist genannt wird, und die Summe aller geistigen Tätigkeiten „Denken" heißt, dann ist „Planen" ein Ausschnitt aus den möglichen, elementaren Denktätigkeiten (s. Abb. 2.4). Nach der klassischen Definitionslehre wäre dann „Denken" der genus proximus zu „Planen", d. h. der nächst höhere Gattungsbegriff, der „Planen" in einer Richtung definiert. Planen würde dann alle die Eigenschaften haben, die dem Denken eigen sind, die es also von anderen Gattungsbegriffen unterscheidet, also z. B. von psycho-somatischen Vorgängen. Zu diesen Eigenschaften würde die freie Wahl (Entscheidung) des Vorgehens und Einsatzes von Mitteln gehören wie auch die „rationale", energiesparende Grundhaltung des „Minimierens" und „Probe"handelns. Zur weiteren Definition von Planen ist es jedoch notwendig, die *differentia specifica* festzustellen, also jene spezifischen Merkmale, die „Planen" von anderen geistigen Tätigkeitskomplexen unterscheiden, die Invarianten des „Planens", ohne die diese Tätigkeit nicht „Planen" genannt werden könnte, oder, wie zuvor schon gesagt, das, was das „Wesen" des Planens ausmacht.

2.3

Planen ist Ordnen

Eine der auffallendsten Eigenschaften der Denktätigkeit „Planen" ist das Ordnen von chaotischen, unübersichtlichen Zuständen. Ohne „Ordnen" ist „Planen" nicht denkbar. Zwar kann nicht alles „Ordnen" mit „Planen" bezeichnet werden. Aber planendes Verhalten ohne ordnende Funktion ist kein „Planen". Ganz sicher ist „Planen" kein Synonym für „Ordnen". „Planen" ist nur durch weitere Eigenschaften definierbar. Aber „Ordnen" ist eine ganz spezifische Eigenschaft und dem „Planen" wesenseigen.

Bei jedem planenden Verhalten spielt das Ordnen von Gedanken, von Informationen, von Handlungen, von Elementen eine bedeutende Rolle. Eine Reise wird geplant durch das Ordnen von Zeiten, Wegen und Orten nach dem Prinzip der günstigsten Reihenfolge, die durch das subjektive Wertsystem des Reisenden bestimmt wird. Ein Finanzhaushalt wird geplant durch das Ordnen und Zuordnen von Einnahme- und Ausgabeelementen nach Präferenzen, die durch subjektive Wertsysteme gegeben sind. Bei jeglichem Verhalten, das im allgemeinen mit „Planen" bezeichnet werden kann, ist eine ordnende Komponente festzustellen.

Das „Ordnen" ist ein ganz bestimmtes **Denkverhalten** – oder auch „psychisches" Verhalten – zur Beseitigung von Unübersichtlichkeit und Unsicherheit, die hervorgerufen wird durch die „große Zahl". Die unüberschaubare Anzahl von Informationen, Wahrnehmungen, Wünschen, Handlungsalternativen, Elementen und deren Merkmale und Eigenschaften aktiviert ordnendes Verhalten zur Gewinnung von Übersicht und Sicherheit. Auch eine Systemkomplexität, ein Nichterkennen ordnungsgebender Instanzen und der Beziehungen der Elemente untereinander, ein Nichtwissen um adäquate Vollständigkeit rufen ordnende Verhaltensweisen hervor.

Dieses „Ordnen" stellt sich in vielfältiger Weise dar und hat differenzierende, verbale Ausformungen erfahren. So können Dinge und Begriffe identifiziert, sortiert und klassifiziert werden. Sortierungen können nach den unterschiedlichsten Maßstäben vorgenommen werden. Klassifizierungen erfolgen nach Merkmalen und Eigenschaften und verschiedenartigen Begriffssystemen. Das Bewerten von Alternativen ist ein Ordnen nach qualitativen Maßstäben. Komplexitäten werden nach verschiedenen Gesichtspunkten strukturiert. Das Feststellen von Relationen, das raum-zeitliche Kombinieren, Anordnen und Zuordnen von Elementen sind spezifische Ordnungsverhalten in unüberschaubaren Situationen.

Auch die Elementarpsychologie hat das ordnende und strukturierende Denkverhalten angesichts der großen Zahl und komplexer Situationen experimentell nachgewiesen (s. Kap. 3.2). Sicher gehört das Ordnen nicht zu den höchsten und ökonomischsten Denkleistungen, es wird jedoch in hohem Maße zur Bewältigung solcher Situationen eingesetzt. Auch in den Verarbeitungsvorgängen der Kybernetik haben Mengen von Elementen und deren Ordnung und Relationen eine grundlegende Bedeutung (s. Kap. 3.3). Im Guilford'schen Modell des Verstandes (s. Kap. 2.2) werden als Produkte von Denkoperationen u. a. genannt: Einheiten isolieren, Klassen bilden, Beziehungen sehen, Systeme aufbauen. Diese Operationen haben alle einen ordnenden Charakter und spielen im planenden Denkverhalten eine große Rolle. Die Operationen können sowohl divergierend als auch konvergierend sein.

Denkprozesse bestehen aus elementaren Denkquanten.

In der Tat ist ordnendes Verhalten sowohl in analytischen als auch synthetischen Phasen des Planens festzustellen. OERTER macht deutlich (lit 3.2) wie bereits analytische Ordnungsvorgänge benutzt werden, um Lösungen zu finden. Er bezeichnet Probleme als „defekte" Strukturen. Eine Analyse der Struktur und deren präzise Formulierung kann zugleich eine Lösung des Problems ergeben. Die Bildung von Hierarchien zur Strukturierung von Begriffen, Elementen, Zielen, Problemen, Systemen ist eine der gebräuchlichsten Ordnungsmethoden. Auch die morphologische Strukturierung ist eine beliebte Ordnungsmethode, die sowohl zu analytischen als auch heuristischen Zwecken benutzt wird, Letzteres ganz besonders, wenn der sog. „Morphologische Kasten" erweitert wird zur „Entdeckungsmatrix", einer theoretischen Vervollständigung zur Findung neuer Lösungen. Alle Reihenfolgeprobleme sind zum größten Teil Anordnungsprobleme, die durch Ordnen der Elemente nach bestimmten Kriterien bereits ihre Lösung erfahren. So wird auch der Entwurf von Gebäuden vielfach als ein Problem der räumlichen An- und Zuordnung von Elementen beschrieben. HÖFLER (lit 2.13 S. 49) definiert Entwerfen als die Auswahl und das Anordnen von gegenständlichen Komponenten im zwei- oder dreidimensionalen Bereich, entsprechend dem Wertsystem des Entwerfers. Er beschreibt (lit 2.11 S. 50 ff.) Methoden und Darstellungstechniken zur Lösung von Anordnungsproblemen. SCHIRMBECK (lit 2.9 S. 47) weist darauf hin, daß bereits die Problemstrukturierung, z. B. die Definition und Auswahl anzuordnender Nutzungen ein lösungsorientierter Vorgang ist. Auch er definiert Entwerfen als eine Methode der Ordnungsvorstellung (lit 2.9 S. 22): *„Die Entwicklung eines Entwurfes, d. h. die Organisation der funktionellen, konstruktiven und gestalterischen Zusammenhänge unter den Aspekten der quantitativen und qualitativen Zuordnung von organisatorischen Einheiten (Elemente, Räume) in organisatorischen Gruppen (Elementgruppen, Raumgruppen) ist ein Ordnungsprozess, bei dem aus den zur Verfügung stehenden Einheiten (Elemente bzw. Räume) geordnete Strukturen aufgebaut werden".* Er zitiert DREW (lit 2.14), nach dem architektonische Komplexe einer bestimmten Symbolordnung folgen und als Ordnungssysteme zu betrachten sind. Nach KIEMLE (lit 2.15) ist der Entwurf *„immer Aufbau von Ordnung, die mit den Methoden der Informationstheorie beschrieben werden kann."*

Alle Methoden des Ordnens, Kombinierens, An- und Zuordnens – nach welchen Gesichtspunkten auch immer – sind rein quantitative Methoden, die sich mathematisch abbilden lassen und durch Algorithmen beschreibbar sind. Heute bekannte und vielfach auch erprobte Programme des computerunterstützten Entwerfens (CAD) beschreibt SCHIRMBECK (lit 2.9) und analysiert deren Leistungsfähigkeit, u. a. Programme wie AIPM, ARK II, CORELAP, CRAFT, EVIPROP, IMAGE, RUGR, WHITEHEAD und WILLOUGHBY. Alle Programme gehen mehr oder weniger davon aus, daß das räumliche Arrangement die zentrale Aufgabe des architektonischen Entwurfes ist. Ganz sicher kann diese Annahme – zumindest im ersten Ansatz – nicht voll geteilt werden. Man fürchtet, daß viele Transformationen von ideellen Begriffen in konkrete Gestalt vernachlässigt werden, wenn lediglich definierbare Größen rein statistisch den möglichen Kombinationen, An- und Zuordnungen unterworfen werden. Man muß jedoch einräumen, daß die Auswahl der zu ordnenden Einheiten und die Bestimmung der Kriterien, nach denen geordnete Zustände hergestellt werden sollen, weiten Spielraum für subjektive Wertsysteme lassen.

Entscheidend ist jedoch in diesem Zusammenhang, daß alle ordnenden Methoden quantitativer Natur und einer Mathematisierung zugänglich sind. Und es ist wesentlich, daß ordnende Methoden im planenden Verhalten einen sehr breiten Raum einnehmen. Ja, es gibt sogar Meinungen, wie dargestellt, die das Ordnen als zentrale Aufgabe betrachten, zumindest auf dem Gebiet der Bauplanung. „Ordnen" scheint ein fundamentales Denkverhalten angesichts unüberschaubarer Situationen und damit eine der wesentlichsten Eigenschaften des „Planens" zu sein.

2.4 Planen ist Werten

Der Denktätigkeit „Planen" ist eigen, daß durch Handlungen etwas Konkretes bezweckt und erreicht werden soll. Eine „Reise planen" heißt, bestimmte Ziele unter bestimmten Bedingungen zu erreichen. Einen „Haushalt planen" heißt, Ausgaben in Übereinstimmung mit den Einnahmen vorteilhaft einzusetzen. Einen „Urlaub planen" heißt, bestimmte Wünsche des Urlaubers zu erfüllen. Die „Entwicklung einer Region planen" heißt, bestimmte politische, wirtschaftliche und soziale Ziele zu realisieren. Mit allem „Planen" ist immer die Absicht verbunden, Zwecke oder Ziele zu erreichen. „Planen" hat immer den Charakter des „Vorgehens", „Vorrückens" in zunächst unbekannten Feldern. „Planen" bedeutet immer „gerichtetes" Handeln, „schritt"weises Vorgehen, ein Ziel „im Auge" haben.

Diese Eigenschaft des „Planens" unterscheidet sich deutlich von der „ordnenden" Komponente. Das „Ordnen" dient der Gewinnung von Sicherheit und Übersicht, der Schaffung einer sicheren Ausgangsposition, einer sicheren Standfläche in allen Phasen der Realisierung, um mit gezielten Handlungen heraustreten zu können. Ordnen ist eine in allen Situationen bewährte Strategie zur Begründung von überlegenen Ausgangslagen, die durch ihre Überlegenheit u. U. bereits Zielerreichung bedeuten können. Die hier zu beschreibende Eigenschaft ist jedoch eine aktivierende, richtende, dynamische Komponente, – die ganz spezifische Eigenschaft planenden Verhaltens, Entfernungen zwischen Hier und Dort, zwischen Ist und Soll, zwischen Jetzt und Dann, zwischen Gegenwart und Zukunft, zwischen Realität und Utopie zu überbrücken.

Ohne diese „richtende" Eigenschaft ist „Planen" nicht denkbar. Man könnte „Planen" nie als solches bezeichnen, wenn damit nicht auch eine Ausrichtung auf ein bestimmtes Ziel, einen bestimmten Zweck verbunden wäre. Zwar kann nicht jedes „gerichtete" Denkverhalten mit „Planen" bezeichnet werden, aber „planendes" Verhalten ohne diese auf Ziele „ausrichtende" und „vorgehende" Komponente ist nicht möglich. „Planen" ist damit jedoch nicht endgültig definiert. Es bedarf weiterer Definitionen, um „Planen" von anderen Denkverhalten zu unterscheiden.

Die Sprache stellt keinen so präzisen Begriff zur Verfügung wie „Ordnen", um diese „richtungsgebende" Eigenschaft zu bezeichnen. In der gesamten wissenschaftlichen Literatur ist man sich einig, unter dieser Eigenschaft die „Zielfunktion" des Planens zu verstehen. Dem Begriff „Ziele" lassen sich alle Zwecke, alle räumlichen und zeitlichen Ziele, alle Erfüllungen von Bedürfnissen, Wünschen, Vorstellungen gleich welcher Art subsumieren. So ist die Fachwelt auch einhellig der Meinung, daß diese Zielfunktion eine deutlich identifizierbare Eigenschaft planenden Verhaltens ist, – ja, mitunter wird sie zur eigentlichen Kernfunktion erhoben.

Eine Übersicht über Darstellungen der Betriebswirtschaftslehre zum Thema „Planung" gibt RIEGER in seinem grundlegenden Werk (lit 2.3 S. 6 ff.). Er zitiert die bekanntesten Lehrmeinungen und resümiert: *Als wesentlicher Inhalt des Planungsvorganges werden vielfach das Setzen von Zielen und die Festlegung von Maßnahmen zur Erreichung dieser Ziele aufgeführt.*" Ganz offensichtlich meint er jedoch nicht „Inhalt", sondern „Bestandteil", „Eigenschaft", – im Unterschied zum Gegenstand des Planens, der planendes Verhalten mit „Inhalt" füllt. Auch in der gesamten systemwissenschaftlichen Literatur von v. BERTALANFFY, ACKOFF, CHURCHMAN, CHESTNUT bis KOELLE, ZANGEMEISTER, ROPOHL und STEINBUCH und vielen anderen immer wieder zitierten Autoren finden sich die Hinweise auf die Bedeutung der „Ziele" für das planende Verhalten. Der Findung und der Formulierung von Zielen und der Ausrichtung von Handlung auf Ziele wird so breiter Raum gewidmet, daß an dieser Stelle nicht weiter darauf eingegangen werden soll.

Das gesamte Feld aller elementaren geistigen Tätigkeiten heißt „Denken".

Diese Auffassung von „Planen" als „auf Ziele gerichtetes Handeln" – oder besser als „auf Ziele gerichtetes Probehandeln" – hat auch breiten Eingang in planungstheoretische Abhandlungen auf dem Gebiet der Gebäudeplanung gefunden. In dieser Richtung äußern sich JOEDICKE (lit 2.16), LAAGE (lit 2.12) und SCHIRMBECK (lit 2.9). SCHULTE (lit 2.10) räumt der Aufstellung von Zielplänen einen dominanten Stellenwert im Planungsprozeß ein. Auch in vielen anderen Beiträgen kompetenter Autoren (lit 2.13, 2.17, 2.18, 2.19) finden sich übereinstimmende Äußerungen.

Ziele sind Wünsche, Bedürfnisse, Vorstellungen, Ideale, Utopien. Ziele können räumlicher, zeitlicher, materieller und ideeller Art sein. Sie können sehr unterschiedlichen Bereichen entstammen: ökonomischen, technischen, sozialen, kulturellen, psychisch-ästhetischen, politischen, religiösen. Sie können sehr realistisch und sehr utopisch sein, sehr kurz- und sehr langfristig, sehr „objektiv" und sehr „subjektiv". Ziele haben Einzelne oder jegliche Gruppierungen von Menschen. Sie entstehen alle aus dem Wunsch nach Verbesserung von Dingen, Zuständen, Abläufen. Ins Bewußtsein treten sie spontan oder in **Denkprozessen.** Zur Findung und Formulierung werden politische, sozio-technische, prognostische Methoden angewandt, die im Rahmen dieser Untersuchung jedoch keine Rolle spielen, da Planen erst mit bekannten Zielen beginnt, auch wenn diese oft noch nicht praktikabel dargestellt sind. Zielfindung wird zwar oft – z. B. von KOELLE (lit 2.20) – als Zielplanungsprozeß dargestellt. Aber dann gilt das gleiche wie für den hier behandelten Planungsprozeß, – dann ist Ziel des Planens, Ziele zu finden und zu formulieren. Wesentlich ist jedoch in diesem Zusammenhang, daß Ziele, wie sie auch immer beschaffen sein mögen, ein subjektives Wertesystem darstellen, das dem gesamten planenden Verhalten in allen Situationen auferlegt wird.

In Denkprozessen treten Ziele ins Bewusstsein.

„Dabei spielt die Art dieser Wertsysteme im Prinzip keine Rolle", sagt RENK (lit 2.12 S. 99) und zitiert GÄFGEN (lit 2.21 S. 26): *„Das Ergebnis muß keineswegs in einem alltäglichen Sinne ‚vernünftig' erscheinen, da der Aktor ein Wertsystem haben kann, das zwar in sich kohärent ist, aber im Vergleich zu dem anderen Aktor absurd erscheint."* GÄFGEN spricht auch von dem *„Wertsystem"*, das *„oft etwas unklar als Zielsetzung bezeichnet"* wird. Wesentlich ist also, ganz gleichgültig wie die Ziele beschaffen sein mögen und welche Werte sie darstellen, daß jedes „Ziel"system ein „Wert"system ist, das planendes Verhalten bis in alle Einzelheiten durchdringt und bestimmt.

Die Bedeutung dieser Tatsache erkennen RIETKÖTTER, SCHMÖLLER u. a. (lit 2.19 S. 44): *„Dadurch, daß sich der Mensch Ziele setzt, ordnet er die darin angestrebten Objekte in Beziehungssysteme relativ zu den gesellschaftlichen und/oder individuellen Bedürfnissen."* Und weiter: *„Bei allen Planungen wirken Wertungen und Zwecksetzungen mit"*. Sie erkennen, daß ein planendes Verhalten gleichbedeutend ist *„mit einem wertenden Verhältnis zur Umwelt"*. Und JOEDICKE beschreibt (lit 2.17 S. 17): *„Die Zielvorstellungen liefern . . . die Kriteriensätze zum Messen und Bewerten"*. „Planen" kann also auch in Anbetracht zu erreichender Ziele als wertendes Verhalten angesehen werden.

Dies bedeutet, daß alle Operationen eines schrittweisen Vorgehens auf das Ziel daran gemessen werden, ob sie zum Ziele hinführen, ob das Ziel erreicht ist oder nicht. Durch einen permanenten Meß-, Bewertungs-, Steuerungsvorgang werden alle Operationen auf das Ziel hin ausgerichtet. RENK (lit 2.12 S. 77) zitiert STACHOWIAK (lit 2.22 S. 4): *„Planung erweist sich somit als ein Regelungsprozess"*. Auch HÖFLER und KANDEL (lit 2.13) formulieren, daß Ziele *„durch die Steuerung der Aktivitäten und Verhaltensweisen"* erreicht werden. Diese sog. „Zielfunktion" des Planens ist also ein wertendes Verhalten, das jede einzelne Operation mit dem gesamten Satz der Ziel-Kriterien vergleicht.

Denkmethoden gehen als Faktor in die Denkleistung ein.

Entsprechend dieser Eigenschaft des „Planens" haben sich Methoden entwickelt, die in systemtechnischer und planungstheoretischer Literatur dargestellt sind. Da Ziele nie ausreichend und meist nicht praktikabel dargestellt und verschiedenen Abstraktionsebenen entstammen, empfiehlt sich z. B. die „Hierarchische Strukturierung". Hier werden Ziele durch Zweck-, Mittel- und durch Konkurrenz-Beziehungen so weit differenziert und konkretisiert, bis sie einen lückenlosen Satz operationaler Zielkriterien bilden. Diese Kriterien fließen in Bewertungsverfahren ein, die sich in sehr vielfältiger Weise darstellen. In „Bewertungsprobleme in der Bauplanung" (lit 2.17) werden umfangreiche Ausführungen über das Bewerten als solches und über Bewertungsverfahren gemacht. HÖFLER und KANDEL (lit 2.13 S. 127 ff.), ZANGEMEISTER (lit 2.20), HANSEN (lit 2.23 S. 132 ff.) und andere beschreiben einzelne Bewertungsverfahren. Alle Verfahren sind formalisiert, d. h. sie sind als Algorithmus mathematisch abbildbar und einer maschinellen Verarbeitung zugänglich. RIETKÖTTER u. a. (lit 2.19) geben hierüber umfangreiche Darstellungen. „Bewerten" ist – auch mit subjektiven Maßstäben – ein objektiver, quantitativer Vorgang, der im planenden Verhalten einen breiten Raum einnimmt. Somit ist „Werten" – in Anbetracht zu erreichender Ziele und zu überwindender Distanzen – neben dem „Ordnen" eine der wesentlichsten Eigenschaften des „Planens".

2.5

Planen ist Operationsfeld schaffen

Während die durch ein Wertesystem auf ein Ziel hin gesteuerten Operationen mehr eine Tiefendimension des Planens darstellen, ein planendes „Vor"gehen, so läßt sich auch eine Breitendimension erkennen. Angesichts der Distanz eines zu erreichenden Zieles und eines unüberschaubaren Feldes ist planendes Verhalten bemüht, einen Aktionsraum, Bewegungsraum, Spielraum abzustecken und erkennbar zu machen. „Planen" heißt immer auch „Handlungsfreiheiten schaffen" und „Handlungsgrenzen erkennen". Eine „Reise planen" heißt auch, alternative Routen und Transportmittel und Begrenzungen von Zeit und Geld ins Kalkül zu ziehen. Nie wird man lediglich das Ermitteln von Abfahrt und Ankunft eines Zuges mit „Reise planen" bezeichnen. Den „Standort einer Fabrik planen" wird immer auch bedeuten, daß innerhalb bestimmter räumlicher, finanzieller oder anderer Grenzen möglichst viele alternative Möglichkeiten in die Ausleseprozesse einbezogen werden. Einen „Betriebsablauf planen" heißt mit Sicherheit nicht, daß nur Maschinen hintereinander angeordnet werden, sondern daß alle nur möglichen Alternativen entwickelt, miteinander verglichen und an den Zielwerten gemessen werden.

Diese **Breite des Denkens** zur Begründung eines möglichst weiten Operationsfeldes ist eine der charakteristischen Eigenschaften planenden Verhaltens. Dieses Denkverhalten bezeichnet DE BONO (lit 2.24 S. 42) mit „lateralem" Denken im Unterschied zu einem „vertikalen", auf Ziele gerichteten Denken. *„Vertikales Denken ist selektiv, laterales Denken generativ. Beim vertikalen Denken kommt es auf Richtigkeit an, beim lateralen Denken auf Ergiebigkeit. Das vertikale Denken sucht einen Weg, indem es andere Wege ausschließt. Das laterale Denken schließt nichts aus, sondern bemüht sich, andere Wege zu öffnen. Das vertikale Denken wählt den vielversprechendsten Lösungsweg eines Problems und die beste Betrachtungsweise einer Situation. Das laterale Denken bringt so viele Lösungswege wie möglich hervor. Vertikales Denken setzt sich nur dann in Bewegung, wenn eine Richtung vorhanden ist, in die es sich bewegen kann. Laterales Denken setzt sich in Bewegung, um eine Richtung zu finden."* Und weiter (S. 58): *„Die Notwendigkeit des lateralen Denkens folgt aus den Beschränkungen eines sich selbst erweiternden Erinnerungssystems".* *„Bei der lateralen Suche ist man bemüht, so viele Alternativen wie möglich zu entwickeln. Man sucht nicht nach dem besten Zugang, sondern nach so vielen verschiedenen wie möglich"* (S. 65). Während sich die „wertende", auf Ziele gerichtete Eigenschaft des „Planens" bemüht, durch Auswahlentscheidungen das Ziel so schnell wie möglich zu erreichen, so schafft dieses „laterale" Denken ein breites Feld von Möglichkeiten für zielgerichtete Operationen.

Laterales Denken eröffnet Spielräume.

Es gibt in der Literatur keine Darstellung von Planungsvorgängen, die nicht zumindest auf das Vorhandensein von alternativen Möglichkeiten und daraus resultierende Schritte eingeht. Es wird zumindest immer von einer Breite des Planungsfeldes ausgegangen, die durch geeignete Methoden (z. B. des Bewertens) auf ein Ziel hin eingeengt wird. Vielfach wird jedoch auf eine systematische Erzeugung von Breite, von alternativen Möglichkeiten hingewiesen. RITTEL (lit 2.13 S. 17 ff.) sieht den Planungsprozeß als alternierende Folge zweier Elementarprozesse, die er auch mit „Strategien" bezeichnet: der „Erzeugung von Varietät" und der „Reduktion von Varietät". An anderer Stelle betrachtet er Planen als argumentativen Prozeß, als Wechselspiel zwischen der Erzeugung von Entscheidungsspielraum und dessen Einengung durch Argumentation. Auch STACHOWIAK (lit 2.22 S. 10) unterscheidet „Zergliederung, Auflösung, Induktion einerseits, Zusammenfassung, Aufbau und Deduktion andererseits". Und nicht zuletzt weist Guilford's „divergierendes" und „konvergierendes" Denken auf das Vorhandensein dieses spezifischen Verhaltens hin.

Für Erzeugung dieser Breite, der Varietät, gibt es formalisierte und nicht formalisierbare **Denkmethoden**, von statistisch-mathematischen bis zu den kreativen. Sie werden häufig auch als heuristische Methoden, als Methoden der Ideenfindung, bezeichnet. Auch analytische Zerlegungen von Problemen, Systemen und Komplexitäten jeder Art dienen letztlich der Erweiterung der Möglichkeiten. HANSEN (lit 2.23 S. 108) weist auf die von J. Müller begründete Disziplin der systematischen Heuristik hin, die im Bereich der Konstruktionstechnik angewandt wird. Durch Zusammenarbeit von Philosophen, Methodologen und Ingenieuren wurde eine Programmbibliothek entwickelt, die auf den Erkenntnissen der Konstruktionssystematik und methodologischer Forschung basiert und zum Ziel hat, die *„gedankliche Arbeit der technischen Intelligenz zu verbessern"*. Die Programmbibliothek umfaßt Klassen von Aufgabenstellungen mit hierarchisch geordneten Ober- und Unterprogrammen, die dort enden, wo Intuition oder Probieren besser zum Ziele führen. Durch beliebige Kombination der Speicherplätze lassen sich neuartige Alternativen in allen Phasen des konstruktiven Entwicklungsprozesses erzeugen.

Die Entwicklung der menschlichen Gehirne führt zu zeit- und energiesparendem Denkverhalten.

Methoden der Varietätserzeugung beschreibt auch RITTEL (lit 2.13 S. 23 ff.), so z. B. das Kontext-Modell und das Prinzip des systematischen Zweifels. ZWICKY (lit 2.25) hat eine Methode der systematischen Feldüberdeckung, den „Morphologischen Kasten", entwickelt. Ein Forschungsbericht des Battelle-Instituts behandelt 43 Methoden der Ideenfindung, wobei ein Großteil der Erzeugung von Varietät dient. Sehr treffende Darstellungen liefert DE BONO (lit 2.24). Ansätze zur Alternativenbildung liegen, wie er ausführt, bereits in der unterschiedlichen Darstellung des Problems. Auch eine vorherige Festlegung einer Mindestzahl zwingt zur Entwicklung von Alternativen. Auch er mißt dem Zweifel an den Ausgangsgrößen, wie auch Rittel, und einer „Warum"-Technik eine das laterale Denken anregende Wirkung bei. Einen gewissen Zwang zur weiteren

Suche übt die Aufschiebung des wertenden Urteils aus. Die Methode der Zerlegung und Umstrukturierung ähnelt der morphologischen Methode Zwicky's. Weitere Möglichkeiten sind Methoden der Umkehrung, der Analogien, der Zufälle und Anregungen. Eine Destillation und Umformulierung der Leitidee oder die Isolierung des kritischen Faktors können neue Alternativen eröffnen. Die Verfolgung verschiedener Ansatzpunkte und Verlagerungen des Aufmerksamkeitsbereiches liefern noch unbekannte Möglichkeiten. Alle explizierten Methoden eines „lateralen" Denkens können sowohl zur Begründung eines Operationsfeldes, zur Schaffung von Handlungsspielraum als auch zu kreativen, problemlösenden Transformationen benutzt werden. So werden auch die klassischen Kreativitäts-Methoden des Brainstorming, Brainwriting, Synectic u. a. eingesetzt, um neue Möglichkeiten zu finden.

Wesentlich sind in diesem Zusammenhang jedoch nicht die Methoden und ihre unterschiedliche Struktur und Klassifizierung. Wesentlich ist, daß es eine anerkannte „Breite" des Operationsfeldes gibt, und daß planendes **Denkverhalten** sich bemüht, mit allen zur Verfügung stehenden Mitteln dieses Operationsfeld zu erweitern. Diese Breite stellt sich dar durch die Menge der zur Auswahl stehenden Möglichkeiten von Aktionen oder Lösungen. Diese Ausgangsbreite, gleich in welcher Phase des Prozesses, bestimmt den zum Ziel führenden Auslesevorgang. Nach dem „Ordnen" und dem „Werten und Ausrichten" ist das „Operationsfeld schaffen" eine weitere spezifische Eigenschaft des planenden Denkverhaltens.

2.6
Planen ist Transformieren

Planendes Verhalten verwandelt Zustände. Beabsichtigte Endzustände werden erreicht durch schrittweise Umwandlung von Anfangszuständen. Zustände von Informationen werden iterativ transformiert in neue Zustände, solange bis ein zufriedenstellender Zustand erreicht ist. Ungeordnete Informationen werden verwandelt in geordnete, harmonisierte, gestaltete, sinnvolle, zweckmäßige Zustände, Ideelles in Materielles, Abstraktes in Konkretes, Heterogenes in Systeme. So werden Wünsche, Techniken, Vorschriften, Umweltdaten in zahlreichen Schritten zu einem Gebäude transformiert. Aus Fahrplänen, Sehenswürdigkeiten, Transport- und Geldmitteln entsteht eine Reise. Gewichte und Kräfte werden in Zug- und Druckspannungen, diese in Dimensionen aus Stahl und Beton und diese wiederum in ein konstruktives Element umgewandelt, Produktionsziffern, Kapazitäten, Mengen, Flächen werden zu einem wohlausgewogenen, funktionierenden Betriebsablauf transformiert.

Dieses „Transformieren" unterscheidet sich sehr deutlich vom „Ordnen". Durch ordnende Tätigkeit ändert sich am Zustand der einzelnen Elemente oder Informationen nichts. Es werden nur Ausgangssituationen übersichtlicher gemacht. Die zu verarbeitenden Mengen bleiben erhalten. Transformieren kann die Menge der Information sowohl reduzieren oder auch erweitern zu neuen Mengen von Informationen. Transformieren schafft neue Zustände, neue Formen. Hierdurch unterscheidet es sich auch vom „Werten". Das „Werten" folgt einer Transformation. Der neue Zustand wird bewertet im Hinblick darauf, ob eine Annäherung an das Ziel erreicht ist oder welcher von mehreren neuen Zuständen dem Ziel am nächsten kommt. Nicht ganz so deutlich ist die Unterscheidung vom „ausweitenden" Verhalten. Eine Ausweitung des Feldes zu neuen Möglichkeiten kann auch durch Transformation erfolgen. Transformation ist jedoch ganz sicher keine „Methode" der Ausweitung. Dazu fehlen ihr alle Merkmale einer Methode. „Transformieren" ist eher eine übergeordnete **Denkstrategie**, die sich zahlreicher Methoden bedient. Als solche steht sie gleichwertig und deutlich unterschieden neben „Ordnen", „Messen" und „Ausweiten" und könnte damit eine weitere Eigenschaft sein, die planendes Verhalten definiert. „Transformieren" ist auch nicht gleich „Planen", es ist kein Synonym für „Planen". Es gibt viele Transformationsvorgänge, die nicht mit „Planen" gleichgesetzt werden können. Aber „Planen" ist ohne eine Transformations-Komponente nicht denkbar.

Es gibt eine ganze Skala von Transformationen, die sich durch ihren Schwierigkeitsgrad unterscheiden. Diese Schwierigkeit wird bestimmt durch die Art und Menge der Informationen und durch deren Relationen, d. h. durch die Komplexität des zu transformierenden Systems. Das reicht von einfachen mathematischen Transformationen bis hin zur Umwandlung explizierter, psychischer Bedürfnisse in materielle und räumliche Formen mit psychisch-ästhetischen Wirkungen. Vielfach werden bestimmte Arten von Transformationen, meist die schwierigen, mit „Entwerfen" bezeichnet. Der Architekt benutzt diesen Begriff sehr extensiv. Aber auch Ingenieure bezeichnen oft die Konzeption von Systemen oder deren Teile mit „Entwurf". Aber auch in vielen anderen Bereichen wird dieser Begriff benutzt für Transformationen, die einer Menge von Informationen eine erste, vorläufige „Gestalt", eine Komposition, geben.

Der Begriff in seiner nicht deutlich abgrenzbaren Bedeutung ist mehr eine Eigenheit der deutschen Sprache. Im Englischen wird dieser Übergang in eine erste Gestalt mit „concept" oder „concept design" benannt, während „design" weit über die deutsche Bedeutung von „Entwerfen" hinausgeht in Bereiche, die wir bereits mit „Konstruieren" und „Detaillieren" bezeichnen würden. LUCKMAN (lit 2.13 S. 34) sagt ganz richtig: *„Der ,Design'-Prozeß ist identisch mit der Übersetzung von Informationen in mögliche Lösungen".*

So weist auch MICHAELIS (lit 2.12 S. 153) auf die im angelsächsischen Raum gebräuchlichen Begriffe Divergenz – Transformation – Konvergenz hin, was den Eigenschaften „Ausweiten" – „Transformieren" – „Werten" wiederum sehr nahe kommt. Entwerfen ist ein einer bildhaften Sprache entnommener Begriff, der nicht alle graduell unterschiedlichen Transformationen umfaßt, nicht eindeutig definierbar und deshalb für wissenschaftliche Arbeiten nicht zu gebrauchen ist. So kommt auch SCHIRMBECK nach einer umfangreichen Analyse (lit 2.9 S. 51) zu dem Schluß, daß *„sich keine Grunddefinition des Entwerfens ableiten läßt".* Und weiter: *„Die Betrachtungen zur Entwurfstätigkeit basieren auf verschiedenen Ebenen und reichen von philosophischen Annäherungen über die Beschreibung von Vorgehensweisen bis zu Erkenntnissen von fast allgemeiner Art und lassen damit unterschiedliche Interpretationen für ein und denselben Vorgang zu".*

Kreativität ist die zeitsparende Strategie eines transformierenden Denkprozesses.

Denken benutzt Inhalte sowohl cerebraler als auch universaler Speicher.

LUCKMAN irrt jedoch, wenn er sagt (lit 2.13 S. 34), daß von einem Entwurfs-(Design-)Prozeß nur in Verbindung mit Kreativität gesprochen werden kann. Rechnerische Ermittlungen seien kein „Entwurf". Diese Auffassung ist zwar häufig anzutreffen, sie wird jedoch ebenso häufig widerlegt. LUCKMAN selbst beschreibt einen Entwurfsvorgang (S. 38 ff.) als statistische Verknüpfung von Elementen, wozu weder Kreativität noch hohe Kombinationsgabe erforderlich ist. Entwerfen wird sehr häufig als der eigentlich „kreative" Anteil des Planens betrachtet. MICHAELIS (lit 2.12 S. 176) bemerkt zwar richtig, daß *„Entwerfen nur einen von mehreren notwendigen kreativen Vorgängen im Planungsprozeß darstellt".* **Kreativität** ist eine besondere Denkleistung, deren Einsatz in **jeder** komplexen Situation möglich ist. Er hätte jedoch Unrecht, wenn er mit dieser Äußerung auch sagen will, daß Entwerfen notwendigerweise ein kreativer Vorgang ist. Entwerfen kann mit Kreativität nicht beschrieben werden. Kreativität ist eine mögliche Eigenschaft des Denkenden, eine Fähigkeit, die bei komplexen, unüberschaubaren Situationen eingesetzt wird. HÖFLER u. a. (lit 2.13 S. 66) beschreiben sehr richtig: *„In den einzelnen Präzisierungsphasen wird mehr oder minder stark eine Fähigkeit wirksam, die man mit Kreativität bezeichnet".* Es wäre also günstig, bei allen Zustandsänderungen der Informationen von einer „Transformation" zu sprechen, unabhängig von den graduellen Unterschieden. „Transformation" ist dabei die geistige **Arbeit**, die verrichtet wird, um diese Zustandsänderung herbeizuführen. Wird diese Arbeit in kurzen Zeiteinheiten erledigt, ergibt sich eine hohe **Leistung**. Diese Leistungsfähigkeit eines denkenden Gehirns wird unter bestimmten Merkmalen mit Kreativität bezeichnet, wobei sich auch die Psychologie schwer tut, diese Merkmale eindeutig zu definieren (lit 2.8). Man kann nur von einem kreativen Planer oder einem kreativen Gehirn, nie jedoch von einem kreativen Prozeß, einer kreativen Komponente oder dergl. sprechen.

Es gibt eine Reihe weiterer Beispiele, die einerseits beweisen, daß Entwerfen nicht ausschließlich den Einsatz kreativer Denkleistungen erfordert, andererseits, daß dem „Planen" und den mit „Entwerfen" bezeichneten Denkoperationen die Eigenschaft des „Transformierens" zugesprochen werden. So schreiben HÖFLER u. a. (lit 2.13 S. 58): *„Entwerfen besteht dann in der Manipulation und iterativen Veränderung dieser (Entwurfs-) Variablen".* Und weiter sagen sie (S. 59), daß der Entwerfer *„in bezug auf diese Entscheidungsvariablen eine Menge von Vorschlägen entwickelt".* Man spricht (S. 77) von einer *„Transformation von Teillösungen in die nächsthöheren Lösungseinheiten",* und (S. 78) daß man *"andere Teillösungen so lange verändert, bis sie zu der Ausgangsteillösung passen".* Auch anschließend dargestellte Anwendungsbeispiele „methodischen" Entwerfens zeigen keine Notwendigkeit des Einsatzes sog. „kreativer" Denkleistungen. MASER (lit 2.18 S. 50) betrachtet Planung als *„Transformation von wahr ermittelten Erkenntnissen zu Handlungsanweisungen für praktisches Handeln"* oder (S. 52) *„als eine gezielte Veränderung realer Zustände",* die sich auch kybernetisch beschreiben läßt. SCHIRMBECK (lit 2.9 S. 146) glaubt, eine Entwicklung zu erkennen, *„den Entwurfsprozeß als rationale und systematische Aktivität darzustellen".* Er sieht den Entwurfsprozeß *„als eine logische Reihe von Entscheidungen, die nach dieser Definition von einer Maschine zu verarbeiten ist".* So kann der Entwurfsprozeß *„ein kybernetisches System darstellen"* (S. 159) oder ein *„Informationsverarbeitungsprozeß"* (S. 49) sein. Wie schon an anderer Stelle zitiert – und hierin sind andere Autoren mit ihm einig –, wird Entwerfen im wesentlichen als Anordnungsproblem verstanden. Er zitiert auch KIKUTAKE (S. 32), der Entwerfen als dreistufigen Erkenntnisprozeß ansieht, wobei der Weg zur Realisierung von der Wesensebene über die Substanzebene zur morphologischen Ebene führt. KIKUTAKE sieht die Notwendigkeit, eine Methodologie des Entwerfens zu entwickeln.

Es ist sicher richtig, daß die Komplexität von zu transformierenden Datenmengen in Größenordnungen wachsen kann, die sie einer Transformation durch Algorithmen und heuristische Denk„methoden" verschließt. Solche durch Algorithmen nicht lösbare Transformationsaufgaben werden im allgemeinen mit „Problem" bezeichnet. So findet sich auch häufig die Definition: „Planung ist ein Problemlösungsprozeß" oder „Planen ist ein Problemlösungsverhalten". Dies wäre jedoch nur richtig, wenn auch *„z. B. das Schachspiel, geometrische Beweisführungen, Rätsel u.s.w."* – wie HÖFLER u. a. (lit 2.13 S. 49) ausführen –, zu den „Problemen" zählen. „Probleme lösen" definiert jedoch nicht planendes Verhalten. Es sagt nur etwas über die Ausgangssituation aus, die planendes Verhalten – möglicherweise – auslöst, ebenso wie die Tatsache, daß Ziele zu erreichen und unüberschaubare Situationen zu bewältigen sind. „Probleme" sind im verhaltensrelevanten Sinne Informationskomplexe in einem schwer überschaubaren Zustand, so daß u. U. besondere „Methoden" anzuwenden sind, um Transformationen herbeizuführen. Dies können auch Methoden sein, die sich dem Bewußtsein und einer Beschreibung entziehen, sog. „intuitive" Methoden, die nur durch besondere Fähigkeiten der Denkenden, z. B. durch „Kreativität", geleistet werden.

Somit erweist sich „Transformieren" als eine weitere Eigenschaft, die planendes Verhalten definiert. Mit „Ordnen", „Ausweiten" und „Werten" läßt sich jedoch zunächst keine weitere Eigenschaft ermitteln. Auch in der Literatur finden sich keine Ansätze, die auf weitere Eigenschaften schließen lassen.

2.7 Zusammenfassung

Der Begriff „Planen" kann nur auf seine Eigenschaften hin analysiert werden, wenn von Objektbereichen und individuellen Wertsystemen abstrahiert wird. „Planen" ist ein Phänomen der Innenwelt, des psychischen Verhaltens, des gedanklichen Handelns. So wurde „Planen" als „Denk"-Verhalten erkannt, das angesichts unüberschaubarer Situationen, hervorgerufen durch das gleichzeitige Auftreten von großen Zahlen, von beengten oder überweiten Operationsfeldern, von angestrebten Zielen und durchzuführenden Zustandsänderungen auftritt. Nach dieser Analyse kann für den Begriff „Planen" eine neue Definition gegeben werden:

> Planen ist eine Superstrategie des Denkens, das die Strategien des Ordnens, Wertens, Ausweitens und Transformierens in sinnvoller Weise einsetzt, um unüberschaubare Situationen zu bewältigen.

Planen ist als Denkverhalten und durch diese vier Eigenschaften definiert. Weitere Eigenschaften, die nicht in diesen bereits enthalten wären, sind nicht zu finden. Es ist auch kein Denkverhalten bekannt, das die gleichen Eigenschaften hat, jedoch eine andere Bezeichnung trägt. Das Wort „begreift" nur dieses eine Verhalten, das durch die vier Eigenschaften beschrieben ist, und kein anderes (s. Abb. 2.5). Wohl lassen sich diese Eigenschaften, diese **Strategien des Denkverhaltens**, weiter differenzieren bis zu elementaren Denktätigkeiten. An der definierten Qualität des Begriffes „Planen" ändert sich hierdurch jedoch nichts. Wenn überhaupt, so lassen sich Meßgrößen für die geistige Arbeit des Planens nur in diesem definierten Bereich finden. Planen ist ein ganzer Komplex explizierter Elemente, und es kann nur an diesen Elementen gemessen werden und nicht an Elementen, die außerhalb liegen. Nur planendes Verhalten und dessen Eigenschaften können Meßgrößen liefern, um planende Denkarbeit zu bestimmen.

So kann auch eine „Theorie des Planens" nur auf diesen Grundelementen aufgebaut werden, wie sie auch immer aussehen mag. Das menschliche Denkverhalten angesichts unüberschaubarer Situationen ist die einzige Basis einer jeden „Theorie des Planens". Bestimmte Objekt- und Zielbereiche – wie Bau, Stadt oder Umwelt – können nur Anwendungsgebiete einer „Allgemeinen Planungstheorie" sein. Inhalte des Planens dürfen nicht verwechselt werden mit der Struktur des Planens und dem Basisbereich einer Theorie. So wird auch eine „Ökonomie des Planens" erst entstehen können, wenn sich Meßgrößen für planendes Verhalten, für Denkarbeit, haben finden lassen.

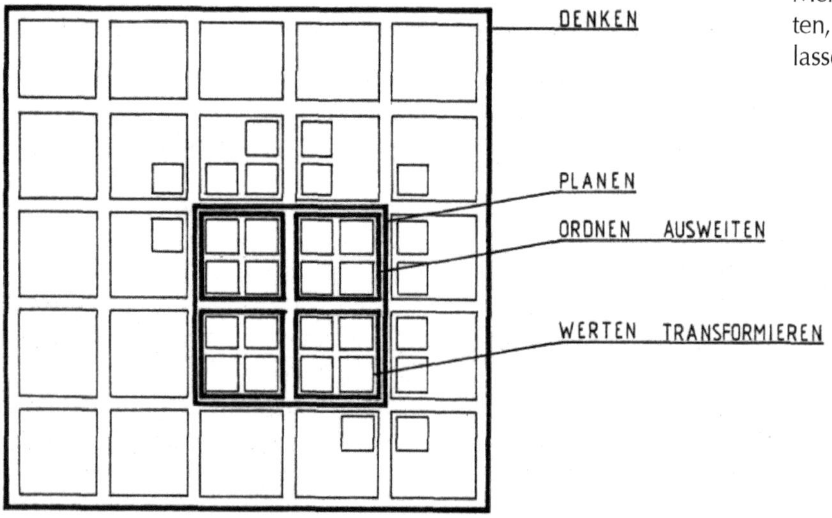

Abb. 2.5

3 Wissenschaftliche Bezüge

3.1 Biologie

Die biologische Forschung hat dem Gehirn als dem „Sitz" des Denkens schon seit altersher besondere Aufmerksamkeit gewidmet. Die Aussagen dieses Forschungsbereiches lassen möglicherweise Erkenntnisse zu, die für die vorliegende Arbeit von Bedeutung sind. Der Verfasser ist dabei auf das Studium populär-wissenschaftlicher Literatur angewiesen, die in zusammengefaßter und leicht verständlicher Form den derzeitigen Stand der Forschung darstellt. Vertiefungen darüber hinaus sind dem Laien nur schwer zugänglich und würden über den Rahmen der Arbeit hinausgehen.

Die Erforschung des Gehirnes war zunächst eine Aufgabe der Anatomie, die versuchte, die Strukturen und Funktionen des Gehirnes durch Sezieren zu ergründen. Erst das Zusammenspiel verschiedener Disziplinen, wie z. B. Biochemie, Neurologie, Gehirnchirurgie und -physiologie, brachte breitere Erkenntnisse. Heute bemühen sich vor allem die Zell- und Molekularforschung, die Hormonphysiologie, die Verhaltensphysiologie und -psychologie, unterstützt durch die Pharmakologie,um die Aufhellung der differenzierten Vorgänge im Gehirn. Technische Erfindungen wie Röntgenstrahlen, elektrische Sonden, Enzephalogramme und ganz besonders die Elektronenmikroskopie haben dabei wichtige Erkenntnisse erst ermöglicht.

Man gliedert das Gehirn im allgemeinen in (lit 2.2):

> Nachhirn oder das verlängerte Rückenmark
> Kleinhirn oder Hinterhirn
> Mittel- und Zwischenhirn mit Hypothalamus und Hypophyse
> Groß- oder Vorderhirn

Das Großhirn ist im Laufe der Evolution aus einem reinen Riechhirn entstanden, aus dem sich der Hirnmantel oder die Hirnrinde mit zunehmend übergeordneten Funktionen entwickelt hat. Dieser Hirnmantel nimmt an Umfang und Kompliziertheit bei den verschiedenen Wirbeltierklassen zu, wird bei den Säugetieren zum Sitz von Gedächtnis- und Intelligenzleistungen und erreicht schließlich beim Menschen seine größte und höchste Ausbildung. Vom Nachhirn werden die Atmung, die Gefäßinnervation und der Stoffwechsel reguliert. Im Kleinhirn sind die Zentren der Bewegungs- und Gleichgewichtsregulierung. Hier werden alle gewollten und automatischen Muskelbewegungen koordiniert. Im Mittelhirn münden die Sehnervenfasern. Bei niederen Wirbeltieren ist es hauptsächlich Schaltstation für die Sinneswahrnehmungen.

In einem besonderen Gebiet des Zwischenhirns, dem sogenannten Thalamus, werden alle ankommenden Sinneswahrnehmungen mit Gefühlen wie Freude, Angst, Lust und Schmerz ausgestattet. Auch Lachen und Weinen werden von hier gesteuert. Ein Teil des Thalamus, der sogenannte Hypothalamus, paßt die Körperreaktionen der Außenwelt an. Er reguliert die Körpertemperatur, erzeugt Gefühle wie Hunger und Durst und läßt alle Hormondrüsen richtig zusammenarbeiten. Diese letzteren Aufgaben übernimmt vor allem eine kleine Anhangdrüse, die Hypophyse. Sie regelt das Körperwachstum, stimuliert die Schilddrüse, die Verdauungs- und Sexualorgane, steuert Streßreaktionen und reguliert fast den gesamten Hormonhaushalt. Ein anderes kleines Anhängsel, die Epiphyse oder auch Zirbeldrüse, reagiert auf den Wechsel von Tag und Nacht mit der Synthese von Hormonen und bestimmt damit unseren Lebensrhythmus (lit 3.1).

Diese Gehirnstruktur befähigt Lebewesen zu ganz bestimmten Verhaltensprogrammen, wie z. B. Angreifen, Fressen, Sich-Paaren, Fliehen, Schlafen, die durch Signale ausgelöst werden und zwangsläufig ablaufen, meist so, daß das Programm bei Unterbrechungen wieder von vorne beginnen muß. Diese „Rituale" können in der Tierwelt, ja sogar noch beim Menschen, wenn es sich um dieses Ur-Verhalten handelt, häufig beobachtet werden. Bei höheren Lebewesen entwickelte sich mit dem Großhirn auch die Fähigkeit, Erfahrungen zu speichern und abrufbar zu halten. Diese Lernfähigkeit ermöglichte ein zunehmend differenziertes Verhalten in Umweltsituationen, um schließlich zu einem ganzen Repertoire von Verhaltensmöglichkeiten und der Entscheidungsfreiheit über den Einsatz optimaler Verhaltensweisen zu führen.

Bereits in einer frühen Phase der Entwicklung des Großhirns werden nämlich Tätigkeiten mit angenehmen und unangenehmen Gefühlen belegt und im sogenannten limbischen System eingespeichert. Eine Katze, die sich im Dornbusch verletzt und Schmerz empfunden hat, wird in Zukunft den Dornbusch meiden. Dieses limbische System wird erstmals bei Reptilien beobachtet. VESTER bezeichnet diese Bewertung und ein darauf abgestelltes Verhalten als eine Art *„Urbewußtsein im Sinne von angenehmen und unangenehmen Gefühlen"* (lit 3.1). Dieses Prinzip wird in der Evolution immer erfolgreicher angewandt, bis es schließlich zu dem Bewußtsein wird, das uns *„hilft, ganz besonders komplexe Tätigkeiten auszuüben: nachdenken, planen, entwerfen, vergleichen, urteilen, eigene Erfahrungen symbolisieren, das heißt in eine Sprache übersetzen und sie sogar anderen mitteilen."*

Im Großhirn des Menschen lassen sich verschiedene Zentren für einzelne Tätigkeiten und Wahrnehmungen mehr oder weniger genau lokalisieren. So gibt es entsprechend der beiden Hirnhälften zwei „motorische" Zentren, mit denen wir unsere Bewegungen steuern und zwei „sensorische" Zentren, mit denen wir diese Bewegungen registrieren. Es gibt Zentren, die dem Sprechen und dem Schreiben zugeordnet werden können. Man kann sogenannte Wahrnehmungsfelder für Sehen, Hören, Tasten, Schmecken und Riechen unterscheiden. Es sind sogar Arbeitsteilungen zwischen den beiden Hirnhälften festzustellen. So liegt z. B. das aktive Sprachzentrum in der linken und das passive, für gesprochene Worte, in der rechten Hälfte. In dem linken Hörzentrum werden besser sprachliche Wahrnehmungen und im rechten besser Musik und Geräusche verarbeitet. Auch hat man eine Zuordnung von Schriftbildern zum linken Sehzentrum und von Figuren und Formen mehr zum rechten Sehzentrum festgestellt.

Außer diesen Steuer- und Wahrnehmungszentren gibt es weniger genau definierte, sogenannte Assoziationsfelder, in denen Gedanken und Informationen miteinander verknüpft und kombiniert werden, und Ebenen einer mehrdimensionalen Gehirntätigkeit, wo nach VESTER *„geplant, nachgedacht, erkannt, entworfen, verworfen und entschieden wird".* Nun ist es aber nicht so, daß in diesen lokalisierbaren Bereichen die jeweils wahrgenommenen Informationen auch gespeichert werden. Bei Ausfall eines Wahrnehmungszentrums wird die weitere Aufnahme gestört, das jedoch bereits Wahrgenommene bleibt im Gedächtnis. Die Zentren nehmen die Information lediglich auf und leiten sie weiter, wobei sie dann vielfältig verknüpft über das Gehirn verstreut gespeichert wird. In den Assoziationsfeldern können dann die gespeicherten Informationen erinnert und verarbeitet werden.

Mit der Geburt ist der größte Teil der Entwicklung unseres Gehirnes abgeschlossen. In den ersten drei Monaten werden die restlichen Zellen und festen Verbindungen hergestellt. Im Gegensatz zu anderen Organen findet keine weitere Zellteilung mehr statt. Nur dadurch kann gespeicherte Information behalten werden. Wir arbeiten also ein Leben lang mit den Zellen, die wir als Säugling entwickelt haben. Man hat festgestellt, daß die in diesen drei Monaten entstehenden Verknüpfungen im wesentlichen bestimmt werden durch die in dieser Zeit wahrgenommenen Eindrücke der Umwelt. Nur in dieser Zeit können sich Wahrnehmungen direkt in anatomischen Ausbildungen niederschlagen. Alle später aufgenommenen Informationen werden lediglich in diesem Grundgerüst eingespeichert. Diese Grundstruktur prägt das ganze spätere Verhalten und ist nur durch komplizierte Lernprozesse zu überlagern. VESTER benutzt das Modell des „biologischen Computers", dessen Hardware in den ersten drei Monaten aufgebaut wird, während danach lediglich die Software entwickelt wird. Durch die unterschiedlichsten Eindrücke im Säuglingsalter bilden sich ganz individuelle Grundmuster heraus. Sie können sich unterscheiden z. B. durch die unterschiedliche Ausbildung der Wahrnehmungs- und Steuerzentren und durch unterschiedliche Belegung mit Gefühls„werten". Diese Grundmuster des Denkens und Lernens erleichtern oder erschweren die Kommunikation.

Über die Entwicklung dieser Software hat man sich, durch verschiedenartigste Versuche unterstützt, Modellvorstellungen gebildet, die etwa so aussehen (lit 3.1): In jedem Zellkern des menschlichen Körpers ist die Erbinformation in spiralförmigen Ketten aus Desoxyribonukleinsäuren (DNS) gespeichert, so auch in den Gehirnzellen, den Neuronen. Durch Wahrnehmungsimpulse angeregt faltet sich diese Spirale auseinander. An dieser Stelle bilden sich wie an einer Matrize mehrere Abdrucke aus Ribonukleinsäure (RNS), die zu einem von vielen tausend Ribosomen wandern, winzigen Knüpfmaschinen aus Zellplasma. In einer zweiten Phase lagern sich an den RNS-Streifen Aminosäuremoleküle entsprechend dem vorgegebenen Code an. In der dritten Phase wandern diese Streifen durch die Ribosomen, die die Aminosäuremoleküle zu langen Proteinketten verknüpfen. Die RNS-„Negative" zerfallen wieder, die Proteinketten lagern sich als Knäuel in den Zellen ein. Eine Wahrnehmung ist zu Materie geworden und kann bei Bedarf abgerufen werden.

Geistige Tätigkeiten werden von materiellen Vorgängen begleitet.

Diese drei Phasen der „Einprägung" entsprechen den drei unterscheidbaren Stufen des Gedächtnisses: das Ultrakurzzeitgedächtnis, das Kurzzeitgedächtnis und das Langzeitgedächtnis. Die Information, die nicht durch eine besondere Aufmerksamkeit, durch Beschäftigung, durch Assoziationen oder Begleitinformationen nach 20 Sekunden ins Kurzzeitgedächtnis gewandert ist, wird vergessen. Wird der Speicherungsprozess nicht durch Ablenkung, Schocks oder anderes gestört, so ist die Information nach weiteren 20 Minuten ins Langzeitgedächtnis gewandert und kann dort durch entsprechende Signale abgerufen werden. Die Ultrakurzzeit-Verfügbarkeit entspricht der Zeit, die zur Bildung der RNS-Abdrucke notwendig ist. Während der Kurzzeitspeicherung werden Aminosäuremoleküle angelagert und von den Ribosomen zu Proteinketten verschmolzen. Nach Bildung einer Proteinkette ist die Information ins Langzeitgedächtnis eingegangen.

So kann heute mit großer Sicherheit angenommen werden, daß „geistige" Tätigkeiten von materiellen Vorgängen begleitet werden. Nicht nur, daß die Gehirntätigkeit auf Nahrungsversorgung durch die Blutbahnen angewiesen ist. Nicht nur, daß Denken Kalorien verbraucht. Man weiß auch, daß die Reizleitung in den Axonen durch Proteinmoleküle erfolgt und Kontakte zwischen den Zellen des Gehirns nur durch Verbrauch von Transmitterstoffen zustande kommen. Man hat auch sehr konkrete Vorstellungen über die materiellen Vorgänge bei der Einspeicherung gewinnen können. Man kennt bereits sehr viele Zusammenhänge zwischen Denken und hormonalen Vorgängen des Körpers, so z. B. daß Streßhormone das Denken blockieren und gewisse Drogen zu ungewollten Denkverbindungen führen, die das Bewußtsein überfluten. Auch sind geistige Anomalien meist von Über- oder Untervorkommen von Hormonen oder anderen Substanzen begleitet.

So lassen sich auch Wahrnehmungs- und Steuerungsvorgänge im Gehirn materiell lokalisieren. Der Biologe und Mediziner formuliert sehr einhellig und wohl unbestritten, daß Denken ein Prozeß der Aktivierung und vielfältigen Verarbeitung von Gedächtnisinhalten ist, wobei die wenig komplexen Vorgänge des Erinnerns, des Assozierens und Kombinierens in sogenannten Assoziationsfeldern geschehen, die über das ganze Großhirn verteilt sind. Aber VESTER räumt auch ein, daß die komplexeren Vorgänge des Planens, Entwerfens und Entscheidens eine „mehrdimensionale" Gehirntätigkeit darstellen, die nicht lokalisierbar ist. Aber was heißt nun „Aktivierung"? Wie kommt „Denken" zustande? Ist es ein Willensakt? Aber der Wille genügt nicht, um zu „erinnern". VESTER sagt nur, daß „gezieltes" Denken Befehle auslöst und Verbindungen zustande bringt. So scheinen wohl „Ziele" für das Denken stimulierender zu sein als „Wille".

Es sind die Ziele, die Denken stimulieren.

Entwicklungsgeschichtlich hat sich das Denken bei höheren Lebewesen, die gar nicht oder nur gering mit „Waffen" ausgestattet waren, unter dem Zwang der besseren Überlebenschancen entwickelt. Denken war zunächst „lernen", „speichern", „Situationen erfahren" und das Erfahrene in gleichen Situationen anwenden. Die Abspeicherung erfolgte in kleinsten Erfahrungseinheiten, die je nach Situation zu „Verhalten" kombiniert wurden. Die Kombinierbarkeit der Speicherinhalte führte zur Anpassungsfähigkeit an veränderte Situationen. Je mehr jedoch gespeichert wurde, umso mehr Handlungsmöglichkeiten ergaben sich für gleiche Situationen. So entstanden diese höheren Formen des Denkens, die man mit Nachdenken, Vorausdenken, Reflektieren oder, wie an anderer Stelle gesagt, mit Ersatzhandeln bezeichnet, – Erscheinungen, die berechtigen, Denken als ökonomisiertes Handeln zu definieren, als probeweises Vorwegnehmen von Handlungen mit geringst möglichem Kraftaufwand.

So haben sich wohl aus den frühgeschichtlich einfachen Denkvorgängen unter dem Druck immer komplexerer Umweltsituationen, der zunehmenden Fülle von Handlungsmöglichkeiten und der Notwendigkeit, die Übersicht zu behalten und nicht unterzugehen, immer höher organisierte Denkpotentiale entwickelt, die die weniger organisierten in sich einschlossen und überlagerten. So ist Denken wohl auch kein eigengesetzlicher Vorgang, der der Inhalte bedarf, um abzulaufen. Denken ist situationsbedingtes Organisieren von Inhalten. Denken sind immer neue und immer bessere Strategien der situationsbedingten Zuordnung von Gedächtnisinhalten und wahrgenommenen Informationen. Denken ist Fortsetzung des biologischen Wachstums, hinein in ein Vakuum, das durch empfundene Mängel, durch gesetzte Ziele, durch Notwendigkeiten entsteht. Dieses Vakuum ist biologisch bedingtes Stimulans, ist Motivation für „Denk"-Verhalten.

„Planen" als eine spezifische Denktätigkeit ist jedoch eines der Denkpotentiale, das sich biologisch sehr spät entwickelt hat. Sie ist anatomisch nicht lokalisierbar. Sie ist eine übergeordnete Gehirnfunktion, die nahezu alle früheren und einfacheren Denkvermögen einschließt. „Planen" ist eine „Superstrategie", die nicht nur alternative Handlungsmöglichkeiten abwägt, sondern unterschiedliche Strategien anwendet, um Handlungsalternativen zu schaffen, abzuwägen und durchzusetzen. Diese „planende" Denkfähigkeit ist vielleicht die derzeit höchste Stufe in der Evolution. Und das biologische Gesetz des „Vakuums", des Zieles, scheint eine ganz bedeutende Motivation dieses Denk-Verhaltens zu sein. Aber wir stoßen auch mit dieser höchsten Entwicklungsstufe an die Grenzen unseres Vermögens. Es sind nicht mehr so sehr die Naturkatastrophen, die uns unsere Ohnmacht vor Augen führen, es sind die vom denkenden Menschen selbst geschaffenen Katastrophen, die Hunger-, Energie- und Verkehrskatastrophen, die Wirtschaftskrisen, das Chaos unserer Städte, dieser scheinbar unaufhaltsame Marsch in den absoluten Zusammenbruch. Vor uns liegt das Vakuum einer unbewältigten Umweltsituation, und hinter uns steht der biologische Zwang, die Fähigkeit weiterzuentwickeln, im richtigen Moment das Richtige zu tun, wissend, vorausschauend.

Vergessen wir aber nicht, daß dieses planende Verhalten, so wenig es entwickelt und schon gar nicht beherrscht wird, auf der entwicklungsgeschichtlichen Struktur des Gehirnes aufbaut, aus der wir nicht herauskönnen. Es schließt auch alle frühgeschichtlichen Teile und alle kindlichen Erfahrungen und Grundmuster ein. Und VESTER weist nicht umsonst auf die emotionale Behaftung unserer Denkvorgänge hin. Alle Mehrkanalinformationen und solche, die mit Emotionen belegt sind, speichern sich

Denken ist ökonomisiertes Handeln.

Denken ist Fortsetzung des biologischen Wachstums hinein in ein Vakuum.

leichter als abstrakte. Viele Gedächtnisinhalte sind daher an Emotionen wie Lust, Freude, Schmerz gebunden und werden durch emotionale Haltungen wie Neugier, Ehrgeiz, Begeisterung leichter assoziiert. Denken und damit Planen wird nicht nur motiviert durch Übereinstimmung mit biologischen Gesetzen, es wird gefördert oder gehemmt durch emotionale Grundstimmungen, ganz abgesehen von den hormonalen und somatischen Einflüssen. In diesem schwierigen Bereich der emotionalen Motivation des Denkens flüchtet der Biologe in die Psychologie, ohne derzeit konkrete Aussagen über materielle Entsprechungen machen zu können.

Die Forschung auf den Gebieten der Biologie und Physik ist seit den 70er Jahren nicht stehengeblieben und hat zu neuen, weitgreifenden Erkenntnissen geführt. Nicht nur wurde erkannt, daß Hormonproduktion und emotionales Verhalten korrelieren und sich gegenseitig bedingen. Die Konditionierung durch genetische und frühgeschichtliche Strukturen und durch Kindheitserfahrungen ist längst in Frage gestellt. Und das Bild von cerebralen Gedächtnisspeichern mußte einem Bild von einer kosmischen Informationsquelle weichen, die sich in die menschlichen Denkprozesse einschaltet. Die Forschung auf dem Gebiet der kleinsten Teilchen hat zu der Entdeckung einer Welt der „substanzlosen Substanz" geführt, die physikalischen Gesetzen nicht mehr folgt. Die kleinsten Partikel, die Quanten, wurden als Träger minimalster Information erkannt, die vom Menschen willentlich, zielorientiert in die eigene Gesamtstruktur eingegliedert werden und Genmaterial verändern können. Quanten verbinden eine immaterielle, „geistige" Welt der reinen, absoluten Information, der Gedanken, der Ideen mit dem Organ des Menschen, dem man das Denken zuspricht. Und auch in diesem Vorgang könnte man, wie zwischen Hormon und Emotion, eine Wechselwirkung vermuten. Denken ist mit Inhalten einer Quantenwelt verflochten, bewußt oder unbewußt, und macht den Menschen zu einem kosmischen Ereignis, das über die materielle Erscheinung weit hinausreicht.

3.1 Psychologie

Das „Denk"verhalten wurde erst sehr spät zum Gegenstand psychologischer Forschung. Seit Aristoteles war man der Meinung, daß Denken eine Verbindung von Vorstellungen sei. Diese Theorie der Assoziation von im Gedächtnis aufbewahrten Eindrücken, die sich nach Gesetzen der Ähnlichkeit, des Gegensatzes oder der räumlichen und zeitlichen Nähe zueinander verhalten, stand lange Zeit im Mittelpunkt psychologischer Theorien. Eine sorgfältige Ausgestaltung fand diese „Assoziations"-Psychologie bereits unter dem Engländer J. Locke (1632-1704) und anderen. Auf deutscher Seite sind zu erwähnen J. F. Herbart (1776-1841) und H. Ebbinghaus (1850-1909). Selbst bei berühmten Psychologen wie S. Freud (1856-1939) und C. G. Jung (1875-1961) spielte die Assoziationstheorie eine zentrale Rolle.

Denken als psychisches Verhalten war eigentlich nicht Gegenstand der Forschung. Man glaubte zu wissen, was Denken ist, – tat man es doch zu jeder Zeit. Erst die sog. Würzburger Schule unter Leitung von O. Külpe (1862-1915) und die Franzosen Ribot und Binet begründeten die eigentliche „Denk"-Psychologie. Der assoziationstheoretische Ausgangspunkt wurde abgelehnt, der Einfluß „determinierender Tendenzen" auf das Denken wurde betont und der überwiegend unanschauliche Charakter des Denkens experimentell festgestellt (lit 2.7). Mit der deutschen Denkpsychologie sind Namen wie Ach, Bühler, Selz und Duncker verbunden. Unter dem Eindruck des angelsächsischen Behaviorismus ist dieser Zweig der Psychologie vorübergehend in Vergessenheit geraten. Erst seit der Simulation kognitiver Prozesse auf elektronischen Rechenanlagen gewinnt die experimentelle Untersuchung von Denkvorgängen in allerjüngster Zeit eine enorme Verbreitung. Zu den wichtigsten Publikationen zählen Max Wertheimers berühmtes Buch „Produktives Denken" (1957) (lit 3.3), vorwiegend amerikanische Literatur der sog. Kreativitätsforschung (lit 2.8 u. 3.4) und Rolf Oerters Werk „Psychologie des Denkens" (lit 3.2).

Nach OERTER ist das Denken schlechthin nicht in einem einzigen Zugriff zu erfassen. Er beschränkt sich bei seinen Untersuchungen auf das „produktive" Denken im weitesten Sinne und klammert alle kognitiven Leistungen aus, die sich nur erlernter Techniken und Gewohnheiten bedienen. Man ist jedoch keineswegs der Meinung, daß Denken ausschließlich bewußt erfolgt. Auch unbewußte Vorgänge sind Teil der Denkprozesse. Nach OERTER wird Denken definiert durch *„Operationen, von denen wir begründet annehmen, daß sie der Denkende bei den Leistungen, die man verlangt, benutzt".* So beschreibt die experimentelle Psychologie das Denken in Form von Strategien, die der Denkende in bestimmten Situationen anwendet. Zwar werden immer neue Strategien differenziert, aber man kann sagen, daß es ein **begrenztes** Repertoire von Strategien gibt, das dem Denkenden zur Verfügung steht. OERTER faßt zusammen zu den Kategorien:

- Begriffsbildung
- Problemlösen
- Kreativität

Durch die Bildung von Begriffen bringen wir Ordnung und System in die überwältigende Fülle der Einzelerscheinungen, so daß wir durch beliebiges Aufrufen und Wegschieben von Objekten und Ereignissen Ausschnitte der Welt beliebig und unabhängig voneinander repräsentieren können. Der Lösung von Problemen dient ein „inneres" Handeln, ein „Probehandeln", das in Anbetracht unüberschaubarer Situationen und mangels eingelernter Verhaltensmuster äußeres Handeln risikoarm macht und unter minimalem Aufwand auf seine Konsequenzen überprüft. Kreativität und schöpferisches Denken schließlich unterscheiden sich durch Spontaneität und Phantasie sehr deutlich von anderen Intelligenzleistungen. Im Einzelnen beschreibt OERTER folgende Strategien:

a) Begriffsbildung

> *„Begriff wird definiert als Regel oder System von Regeln, mit deren Hilfe Ereignisse (Eindrücke, Reize, Erlebnisse) klassifiziert werden".*
> Es werden darunter nicht nur sprachliche und logische Klassifizierungen verstanden. Diese Regeln werden gefunden mit Leistungen der Repräsentation, die sich zwischen Reiz und Reaktion schalten.

aa) Bildung logischer Begriffe

Man unterscheidet konjunktive, disjunktive und relationale Begriffe. Die Ausgangssituation bedingt Selektions- oder Rezeptionsstrategien. In beiden Fällen kommen zur Anwendung die Focus-Methode oder die Bildung logischer Begriffe durch Angabe des Denkziels und Vertrautmachen mit der logischen Struktur. *„Begriffe mit komplexer logischer Struktur können erst gefunden werden, wenn diese Struktur durchschaut wird und die nötigen Strategien verfügbar sind".*

ab) Bildung von Erkenntnisbegriffen

Mit Hilfe logischer Operationen werden Begriffe gebildet zum Verständnis der Umwelt und unserer selbst, wie z. B. Raum und Zeit, Gegenstand und Zahl, Wahrscheinlichkeit, Zufall und Kausalität. Die Erfahrung der Invarianz dieser Begriffe ist für die *„Schaffung von Meßeinheiten und als fixer Ausgangspunkt für unser Denken unentbehrlich."*

ac) Sprachliche Begriffsbildung

Im Gegensatz zu früheren Anschauungen neigt man heute dazu, zu sagen, daß uns die Sprache zwar *„häufig Kategorien der Begriffsbildung und Denkvorschriften nahelegt, sie determiniert jedoch das Denken nicht ausschließlich. Vor allem stellt die Sprache in ihrer vielfältigen Ausprägung selbst eine menschliche Schöpfung dar, die ohne Denkleistungen nicht zu der augenblicklichen ‚Oberflächen'-Struktur gefunden hätte".* Mit der Ausbildung symbolischer Repräsentationsfähigkeit integrieren Sprache und Denken zu besonderen Intelligenzleistungen. Sprachliche Kodierung und Verbalisierung fördern die Verfügbarkeit und Manipulierbarkeit von Denkprozessen. Sprache ist jedoch nur dann eine Hilfe für das Denken, wenn sie den spezifischen Differenziertheitsgrad besitzt.

b) Problemlösen

Zwar ist auch Begriffsbildung ein Problemlösen i.w.S., es stellt jedoch einen Spezialfall dar. Problemlösen ist hier eine Denkleistung zur Meisterung schwieriger, undurchsichtiger Situationen, – auch als Aufhellungs- oder Klärungsprozeß empfunden. Die Denkoperationen zeichnen sich aus durch eine auf ein Ziel gerichtete Aktivität und durch Einsatz von Erfahrung, Wissensbeständen, Techniken und Denkregeln (Folgern, Schließen, Beziehung stiften).

ba) Entwicklung des Problems

Probleme sind „defekte" Strukturen. Formulierung oder Umformulierung des Problems, Analyse der Strukturen und Konflikte können zur Lösung führen. *„Die präziseste Fassung des Problems ist zugleich seine Lösung".* Grundvoraussetzung ist die Zielorientierung und die Registrierung der eigenen Operationen.

bb) Entwicklung der Lösung

„Bei der Entwicklung der Lösung kann man je nach Problem zwischen interpolierendem Denken (Ziel ist bekannt), extrapolierendem Denken (Ziel ist unbekannt) und dem Aufdecken versteckter Zusammenhänge (evidence in disguise) unterscheiden. Bei langen Denkwegen bildet sich eine Hierarchie von Lösungsprozessen

aus, die sich im günstigen Falle von ‚oben' nach ‚unten' entwickelt. Oft empfängt das Denken auch Anregung von ‚außen' und ‚unten'. Die Erfahrung … beeinflußt … den ‚Suchbereich' und das ‚Suchmodell' und sorgt manchmal durch ‚Resonanzwirkung' für eine Lösungsfindung. Die Materialanalyse prüft, welche Eigenschaften des zur Verfügung stehenden ‚Materials' für die Lösungsfindung brauchbar sind".

bc) Umstrukturierung

Der entscheidende Vorgang ist die Umwandlung der Problem- in die Lösungsstruktur. Er kann auftreten bei der Problemformulierung, beim Wechsel der Hypothesen, bei der Erreichung von Teillösungen und beim Ordnen. Erschwerend sind Fixierungen auf bestimmtes Vorgehen (sets) und funktionale Gebundenheit. Fördernd sind scharfes Anvisieren des Zieles, die Materialanalyse, Verfügbarkeit von Lösungshilfen und die Intelligenzfaktoren der Flüssigkeit und Flexibilität.

bd) Ordnen

Ordnen ist eine typische Form extrapolierenden Denkens. Mehrdimensionalität, Art und Anzahl des Materials bestimmen die Denkleistungen.

be) Logisches Denken

Logische Formen und Strukturen sind nicht gleichbedeutend mit Denken. Sie sind eher Ideale, wie man denken sollte. Denken ist mit logischen Fehlern behaftet.

bf) Modelle

Denken ist nicht abstrakt und unanschaulich. Bei vielen Denkleistungen werden Modelle aus dem Wahrnehmungsbereich benutzt.

c) Kreativität

Kreativität läßt sich verstehen *„als simultan ablaufende Denkprozesse, die infolge ihrer Gleichzeitigkeit im Gegensatz zu einer ‚Hauptsequenz' des Denkens nicht bewußt sind".* Die Auswertung dieser Prozesse tritt dann als plötzlicher Einfall ins Bewußtsein. Es sind eine Reihe äußerer und innerer Bedingungen erforscht, die das Phänomen „Kreativität" fördern oder hemmen, die in diesem Zusammenhang jedoch unwesentlich sind. Kreativität ist jedenfalls kein unabhängiger Bereich außerhalb der Intelligenz, sondern ein sehr heterogener Teilbereich der gesamten Intelligenzstruktur. Es gibt kreative Leistungen verschieden hoher Organisationsform: Produktion von Elementen, neuartige Kombination von Einheiten, Komposition der originellen Kombinationen oder Einheiten zu einem Ganzen.

Es können im Rahmen dieser Arbeit nur die Denkstrategien beschrieben werden, die zum Verständnis notwendig sind. Die aufgeführten sollen nur beispielhaft dafür sein, daß sich das Denken als Verhaltenspläne angesichts bestimmter Situationen beschreiben läßt. Dies kann besonders gut dann beobachtet werden, wenn Denkschritte in Handlungsschritte transformiert werden müssen.

Die Bildung optimaler Strategien ist eine der wichtigsten Denkleistungen. Die Entwicklung vollzieht sich nur allmählich und verläuft *„von äußerer*

Kontrolle (Orientierung an Fremdverstärkung) zur inneren Kontrolle (Dazwischenschaltung vermittelnder Prozesse) und von vorwiegend äußerer (handelnder) zu vorwiegend innerer (kognitiver) Aktivität". Sie wird meist durch die Möglichkeit bequemen, jedoch unökonomischen Vorgehens verhindert. Optimale Strategien beruhen auf logischen Strukturen, die jedoch meist so kompliziert sind, daß der Denkende vereinfachende Prinzipien benutzt. Die Erfassung der logischen Struktur ist jedoch Voraussetzung für die Entwicklung effizienter Strategien.

So werden Ordnungsprinzipien angewandt zur Verringerung der Unsicherheit oder – aus informationstheoretischer Sicht – zur Verringerung der Information und zur Gewinnung maximaler Redundanz. Und entscheidungstheoretisch ist das Verhalten in Anbetracht der Komplexität eher „konservativ" als rational bei der subjektiven Einschätzung von Wahrscheinlichkeiten als quantitative Werte.

Denkstrategien sind in den seltensten Fällen rein sequentielle Prozesse. Sie bestehen meist aus einem ganzen Komplex elementarer Prozesse, die einzelne Funktionen zu erfüllen haben. Das können Operationen sein, die bis in die kindliche Erfahrungsstufe oder in die frühgeschichtlichen Verhaltensmuster zurückreichen. Ihr hierarchisches Zusammenspiel kann mit evolutionären Analogien und biologischen Notwendigkeiten hilfsweise erklärt werden. Wichtig ist jedoch, daß diese Elementarakte und -prozesse simultan abzulaufen scheinen und die Einzelergebnisse zu einem Gesamtergebnis verrechnet werden. Dieses „Multiple Denken" kann notwendigerweise nicht voll bewußt sein. Dies erklärt auch das unbewußte Ablaufen von Umstrukturierungsprozessen (s. bc) und von kreativen Prozessen der Kombination und Komposition.

Seit der Entwicklung des Computers ist man in der Lage, Denkvorgänge und Intelligenzleistungen zu simulieren. *„Komplexe Vorgänge können nun als detaillierte Programme oder ‚Pläne' beschrieben werden, die sich aus einfachen Elementen aufbauen. Damit ereignet sich eine Revolution auf dem Gebiet der Denkforschung, da das Denken seines mystischen und metaphysischen Charakters entkleidet und exakt als Zusammenwirken von genau zu definierenden Elementarprozessen beschrieben wird, kurzum mit Mitteln der Schaltelektronik in seiner Wirkungsweise erfaßbar zu sein scheint."* Während Computerprogramme zunächst einfache Handlungsanweisungen darstellten, werden heute Programme entwickelt, die den Computer befähigen, Zusammenhänge zu erkennen, Regeln zu entwickeln und Strategien zu konstruieren. *„Soweit man die Entwicklung überblicken kann, ist ein Computer, der produktiv und ‚schöpferisch' denkt, möglicherweise einmal realisierbar."*

3.3 Kybernetik

Im allgemeinen wird Kybernetik definiert als interdisziplinärer Wissenschaftszweig, der die Gesetzmäßigkeiten, wie sie bei den Regel- und Steuerungsvorgängen der Technik auftreten, in Beziehung setzt zu ähnlichen Vorgängen in Medizin, Biologie und Soziologie (lit 2.2). Der Ursprung des Wortes ist griechisch und bedeutet Steuermann, später etwas genauer Lotse. Platon verstand unter „kybernetike" die Kunst des

Lenkens. Der französische Mathematiker und Physiker A. M. Ampere (1775-1836) verfaßte eine Schrift „Cybernetique" (1834) und bezeichnete damit eine Theorie der Verfahrensweisen beim Regieren. Die katholische Terminologie benutzt diesen Begriff für die Lehre von der Leitung der Kirche. Ferner leiten sich davon ab gubernare (lat.), gouverneur (frz.) und governor (engl.) (lit 3.5).

Eine der ersten Maschinen, die das Prinzip der Rückkopplung benutzte, war der von J. Watt (um 1800) konstruierte „Governor", ein Fliehkraftregler. Maxwell (1831-1879) begründet mit der mathematischen Analyse dieser Maschine die Theorie der technischen Regelvorgänge (1864). Parallel entwickelte sich seit Hartley (1749), Bain (1855) und Baldwin (1897) das Modell der physiologischen Kreisprozesse, durch die sich Organismen in einem notwendigen Gleichgewichtszustand halten (lit 2.7).

Norbert WIENER (1894-1964) bezeichnete mit Kybernetik (lit 3.7) erstmals das gesamte Gebiet der Nachrichtenverarbeitung und Regelungstechnik, sowohl bei tierischen Organismen als auch bei Maschinen, und behandelt damit nicht die Maschinen und Lebewesen unmittelbar, sondern deren gemeinsame Strukturen.

Couffignal faßt den Inhalt des Begriffes sehr weit und versteht darunter die Kunst, eine Handlungsweise zur Erreichung eines Zieles wirksam zu machen. In der Tat werden kybernetische Erkenntnisse sowohl auf den Gebieten der Mathematik, Biologie und Soziologie als auch der Nachrichtentechnik, Psychologie und Ästhetik angewandt. Philosophisch gesehen bezieht sich Kybernetik fast immer auf eine Nachbildung oder zu heuristischen Zwecken erfolgende fiktive Annahme von Bewußtseinsprozessen in Systemen, denen kein Bewußtsein zugeschrieben wird. So könnte auch definiert werden: *„Kybernetik ist die mit mathematischen Werkzeugen (insbesondere der Informationstheorie) erfolgende Erforschung oder technische Beherrschung des Problemkreises der Aufnahme, Verarbeitung und raumzeitlichen Übertragung von Nachrichten innerhalb oder zwischen Systemen, wobei davon abstrahiert wird, ob diese Systeme physikalisch, physiologisch oder psychologisch zu kennzeichnen sind"* (lit 3.5).

W. Ross ASHBY weist darauf hin, daß die Wissenschaft zwei Jahrhunderte lang einfache Systeme erforscht hat, die in ihren Bestandteilen analysierbar waren. Die jahrhundertelange Anerkennung des Lehrsatzes *„man verändere jeweils nur einen Faktor"* beweise, daß die Wissenschaft im wesentlichen mit der Erforschung solcher Systeme befaßt war, die dieser Methode zugänglich waren. Er meint, erst seit Fisher's Experimenten mit bebautem Ackerland, sei man sich der komplexen Systeme bewußt, die die Veränderung nur eines Faktors nicht zulassen. Jede Änderung bewirkt auch Veränderungen anderer Faktoren. Heute beginne die Wissenschaft, „Komplexität als selbständiges Forschungsgebiet zu behandeln". Eines der wesentlichsten Ziele der Kybernetik sei es, effektivere Methoden für Studium und Beeinflussung extrem komplexer Systeme, wie z. B. des denkenden Hirns, zu entwickeln, d. h., *„umfassende Strategien, ... die in einer Vielzahl von speziellen Fällen einheitlich anwendbar sind."* Er

Denken ist ein zielgerichteter Prozess der Verarbeitung von Daten.

erhofft sich „Methoden, die es uns ermöglichen sollen, den Kampf gegen psychische, soziale, ökonomische Krankheiten, denen wir aufgrund der ihnen anhaftenden Komplexität heute noch nicht gewachsen sind." (lit 3.6)

Die Kybernetik liefert mathematische Abbildungen von Zuständen und deren Änderungen. Durch die Einwirkung eines Operators auf einen Operanden erfolgt ein Übergang zum Transformierten. Der Übergang vom Zustand des Operanden zum Zustand des Transformierten wird mit Transition bezeichnet. Da Dinge oder Systeme aus einer Reihe von Operanden bestehen, deren Zustand sich gleichzeitig ändert, spricht man bei einer Anzahl von Transitionen von einer Transformation. Die Reihe von Operanden, die den Zustand eines Systems beschreiben, wird mit Vektor bezeichnet. Durch die Potenzen der Transformation, einer Reihenfolge von Zustandsänderungen eines Systems, können die Verhaltenskurven eines Systems (Trajektorien) ausgerechnet werden. Die mathematischen Darstellungen sind nicht immer algebraisch, jedoch immer tabellarisch möglich. Dabei geht man von der Annahme aus, daß sich auch allmähliche Übergänge in einer endlichen Zahl von Schritten vollziehen. Diese mathematische Abbildung der Zustände und Veränderungen durch Vektoren und Transformationen ist die kanonische Darstellung des Systems.

Dieselbe Gruppe von Operanden kann durch unterschiedliche Eingangsgrößen zu verschiedenartigen Transformationen veranlaßt werden („Wandler" oder „Maschine mit Signaleingang"). Die kanonische Darstellung ist in diesem Falle die Menge der möglichen, eindeutigen Transformationen. Der variable Parameter ist die Eingangsgröße. In biologischen Systemen ist die Anzahl der Parameter sehr groß und die Menge keineswegs leicht zu erkennen. Sie entspricht der Anzahl aller Variablen, die direkt auf den Organismus einwirken. Solche Systeme entwickeln sehr komplexe Verhaltensformen und können zunächst nicht vollständig beobachtet, beeinflußt und durch mathematische Abbildungen dargestellt werden. Sie „triumphieren" durch ihre Komplexität und Kompliziertheit über den Beobachter, – wie ASHBY formuliert. J. v. Neumann erinnert daran: *„Die Anzahl der Neuronen im zentralen Nervensystem liegt etwa bei einer Größenordnung von 1010. Wir haben bisher absolut keine Erfahrungen mit Systemen dieses Grades vom Komplexität gemacht. Sämtliche von Menschen künstlich hergestellten Automaten haben eine Anzahl von Bestandteilen, die bei einer vergleichbaren schematischen Errechnung lediglich auf eine Größenordnung von 103 bis 106 kommen".* Und K. S. Lashley ist *„zu der Überzeugung gelangt, daß nahezu jede Nervenzelle in der Großhirnrinde bei jeder Art von Aktivität gereizt werden kann. ... Dieselben Neuronen, die die Gedächtnisspuren aufrechterhalten und an der Abrufung einer Gedächtnisinformation beteiligt sind, sind in verschiedenen Kombinationen auch an Tausenden anderer Gedanken und Tätigkeiten beteiligt."*

Aber Systeme können je nach Betrachtungsweise als „einfach" oder als „komplex" angesehen werden. Der Umfang eines Systems bezieht sich auf die Anzahl der getroffenen Unterscheidungen, also entweder auf die Anzahl der möglichen Zustände oder auf die Anzahl der Komponenten des Vektors. Das System wird also definiert durch die unterscheidba-

Denkprozesse bestehen aus elementaren Denkquanten.

ren oder unterschiedenen Zustände und Variablen. Hierbei spielen die Feinheitsgrade der Messung und gewisse „Schwellen"-Werte eine Rolle. Auch sog. „Schwarze Kästen" (black box) ersetzen die mangelnde Beobachtbarkeit von Teilen des Systems, ohne daß sich an den Regeln des Systems etwas verändert. Die statistische Darstellung, sagt ASHBY, *„ist die Kunst, Dinge zu sagen, die sich nur auf einen Teil oder einen Aspekt des Ganzen beziehen, wenn dieses Ganze zu unüberschaubar für direkte Verwendung ist."* So wird die Kybernetik nach seiner Meinung auch bald in der Lage sein, mit sehr komplexen Systemen umzugehen. Das sei mehr eine Frage von Arbeit und Zeit als einer tiefgreifenden besonderen Schwierigkeit.

Bei der Bewältigung der Komplexität spielt der Begriff der „Menge" eine große Rolle. Aussagen über eine Menge sind anders zu werten als über die Elemente einer Menge. Die Elemente einer Menge sind alle möglichen Zustände oder Ereignisse. Das Eintreten der Zustände wird mit „Wahrscheinlichkeit" zwischen 0 und 1 gemessen, wobei 1 die absolute Sicherheit des Eintretens ausdrückt. Die unterscheidbaren Teile einer Menge sind ihre „Vielfalt", wobei die Unterscheidungsfähigkeit des Beobachters zu beachten ist. Sie wird gemessen mit der Anzahl der unterscheidbaren Elemente oder mit dem Logarithmus zur Basis 2. Die Maßeinheit ist bit (binary digit), d. h., bei zwei unterscheidbaren Elementen ist $\log_2 2 = 1$ bit. Sind alle Elemente einer Menge gleich, dann ist $\log_2 0 = 0$ bit, d. h., die Menge hat keine Vielfalt.

Bei jeglicher Kommunikation ist die Menge der Nachrichten von ausschlaggebender Bedeutung. Eine übermittelte Information ist immer abhängig von der Menge der Nachrichten (Signale). Wenn sie jedoch Information sein soll, setzt dies eine „Begrenzung" der Vielfalt voraus. Die „Begrenzung" stellt immer eine Beziehung zweier Mengen dar, d. h., eine Vielfalt unter einer Bedingung ist immer anders als unter einer anderen Bedingung, und sie ist immer aus irgendeinem Grund kleiner, als sie sein könnte. Die nicht genutzten Möglichkeiten der Vielfalt einer Menge sind ihre Freiheitsgrade. Jeder Gegenstand hat z. B. im räumlichen System 6 Freiheitsgrade der Bewegung, die er jedoch durch eine begrenzende Zweckbestimmung völlig verlieren kann. So sind die Naturgesetze natürliche Begrenzungen. Jede Vorhersagbarkeit setzt Begrenzungen voraus. Die Kontinuität jeglicher Abläufe ist eine sehr starke Begrenzung. Information wird nur vermittelt durch Begrenzung der Vielfalt der möglichen Signale. Auch Lernen ist nur durch Begrenzung möglich. Ohne Begrenzungen gäbe es chaotische Zustände.

Kommunikation ist im ursprünglichen Sinne der physikalische Durchgang von einem Punkt (räumlich oder zeitlich) zu einem anderen. Im Sinne der Kybernetik – und insbesondere der Informationstheorie – ist Kommunikation eingeschränkt auf die Übermittlung einer Botschaft. Die Kommunikation findet zwischen einem Sender und einem Empfänger durch einen Kanal als Zwischenträger statt. Der physikalische Kanal kann irgendein System der Mitteilung durch Zeit und Raum, bzw. irgendeine eindeutige Transformation zwischen zwei zeitlich-räumlichen Systemen sein (lit 3.5).

Mit einer umfassenden Darstellung begründeten SHANNON und WEAVER im Jahre 1948 die „Mathematische Theorie der Kommunikation" (lit 3.8), auch Informationstheorie genannt. Sie wird als Teilgebiet der Kybernetik angesehen und vielfach aus der statistischen Mechanik abgeleitet. PIERCE weist jedoch nach (lit 3.9), daß die wichtigsten Gedankengänge auf die Anfänge der elektrischen Nachrichtentechnik zurückgehen. Bereits Anfang des 19. Jh. hat Fourier bedeutende Grundlagen gelegt, ebenso wie S. F. B. Morse mit der Erfindung des elektrischen Telegraphen. Fast gleichzeitig haben H. Myquist („Beiträge zur Theorie der Telegraphieübertragung", 1928) und R. V. L. Hartley („Übertragung von Informationen", 1928) die wesentlichsten Beiträge zur späteren Informationstheorie geleistet. Hartley definierte den Informationsgehalt H einer Nachricht als den Logarithmus der Anzahl möglicher Symbolfolgen, die hätten ausgewählt werden können, und schrieb H = n log2 s; wobei n die Zahl der ausgewählten Symbole und s die Zahl der verfügbaren Symbole, aus denen die n Zeichen ausgewählt wurden, darstellt. Shannon führte dann das bit als Einheit des statistischen Maßes der Information ein, definierte die Kanalkapazität und leitete die sogenannten Shannon'schen Fundamentalsätze ab (lit 3.5).

Information wird auch als Abbau von Ungewißheit definiert (lit 3.6). WIENER beschreibt Information als das Maß der Regelmäßigkeit oder das Maß für Ordnung (lit 3.10). Nach allgemeiner mathematischer Deutung ist Information „das logarithmische Maß für die Unwahrscheinlichkeit des Eintretens eines Ereignisses" (lit 2.5). Für den Abbau von Ungewißheit ist ein Äquivalent an Information erforderlich. Um zwischen zwei Möglichkeiten mit gleicher Wahrscheinlichkeit zu wählen, bedarf es einer Informationseinheit = 1 bit. Bei ungleicher Wahrscheinlichkeit verringert sich der Informationsbedarf. Im binären System kann das Alphabet mit 32 Zeichen durch 5 Zahlen ausgedrückt werden. Jeder Buchstabe hat einen Informationsgehalt von $32 = 2^5$ oder $\log_2 32 = 5$ bit. Ein Kanal oder ein Wandler, der nicht mehr als r Zustände annehmen kann, kann nicht mehr Vielfalt als $\log_2 r$ bit pro Schritt übertragen.

Die Theoreme zu Menge, Vielfalt, Freiheitsgrad, Begrenzung, Wahrscheinlichkeit des Eintretens eines Ereignisses führen zur Darstellung komplexer Systeme und Strategien und finden Eingang in v. Neumann's „Spieltheorie", die mathematische Abbildung von Spielen und Strategien, vergleichbar dem Kampf ums Überleben in der realen, biologischen Welt. So wird die Informationstheorie inzwischen auch auf vielen anderen Gebieten angewandt, die sich zu selbständigen Forschungsbereichen entwickelt haben, wie mathematische Sprachtheorie, Informationspsychologie, Informationsästhetik, Informationsdidaktik u. a., die alle zu einem der drei großen Teilgebiete der Kybernetik, der Informationswissenschaft oder auch geisteswissenschaftliche Kybernetik, neben der Ingenieurkybernetik und der Biokybernetik, zusammengefaßt werden. Die experimentelle Psychologie bedient sich kybernetischer Modelle zur quantitativen Darstellung psychischer Sachverhalte. So wurde in zahlreichen Versuchen nachgewiesen, daß die Reaktionszeit im Verhältnis zum Logarithmus der Anzahl der unterscheidbaren Alternativen wächst (lit 2.7). PIERCE weist jedoch daraufhin, daß das differenzierter zu betrachten sei, da sich die Geschwindigkeit der Aufnahme erheblich von der der Wiedergabe unterscheidet (lit 3.9). Nach G. A. Müller bietet die englische Sprache mit 39 zur Verfügung stehenden Sprachlauten eine Information von 66 bit pro Sekunde. Im normalen Sprachverkehr ergibt sich eine Leistung von 8-9 bit/sec, d. h., der Hörer muß in jeder Sekunde eine Auswahl aus der beachtlichen Zahl von 28 = 256 Alternativen treffen. Dieser Wert wurde mit der Durchschnittslänge des erlebten Moments (0.05 - 0.10 Sekunden) und dem elektrischen Grundrhythmus des Gehirns, dem Alpharhythmus mit 10 Schwingungen pro Sekunde, in Zusammenhang gebracht (lit 2.7). An anderer Stelle wird die Aufnahmegeschwindigkeit des Kurzzeitgedächtnisses mit 16 bit/sec angegeben. Bei einer Gegenwartsdauer von max. 10 sec liegt das Fassungsvermögen des Kurzspeichers bei 100 - 160 (lit 3.5). Im Langzeitgedächtnis soll der Mensch im Laufe eines Lebens 1 - 100 Mio bit speichern können. Es kann leider hier nicht auf die ganze Fülle der in der Literatur besprochenen Fälle der Anwendung informationstheoretischer Aspekte auf biologische und psychologische Probleme der Kommunikation und Abbildung komplexer Strukturen eingegangen werden.

Handeln folgt begrenzenden Denkakten.

Ganz generell kann gesagt werden – so ASHBY –, daß umfangreiche Systeme kein Problem des Formates, sondern eher ein Problem der Vielfalt und deren Begrenzung sind (lit 3.6). Die Bewältigung solcher Systeme wird zur Frage der Gliederung in Untersysteme und deren Abgrenzung, wobei eine zu große Differenzierung und Darstellung der gegenseitigen Einflüsse meist kein anderes Ergebnis bringt als eine geringere Differenzierung. Nicht nur am Rande sei vermerkt, daß alles menschliche Handeln auf dem Prinzip der Begrenzung beruht, ja überhaupt erst möglich wird, wenn begrenzende Denkakte die Anzahl der Möglichkeiten auf eine einzige eingeschränkt haben.

Zur Darstellung dessen, was er meint, widmet ASHBY ein eigenes Kapitel der „Regelung des sehr **umfangreichen** Systems", wobei er bemerkenswerterweise davon ausgeht, daß das „Planen einer Maschine" einen extrem hohen Komplexitätsgrad besitzt. Unter Maschine versteht er jedes dynamische System, sei es ein Fahrrad, eine Fabrik, eine Rechenanlage, ein Nervensystem, und unter „Planen" und „Machen" einer Maschine versteht er den Akt einer Nachrichtenübermittlung zwischen „Macher" und „Gemachtem". Er will durch Verfolgung langer Ketten von Ursachen und Wirkungen feststellen, wie die endgültige Form „festgelegt" und wie sie „ausgewählt" wird. Hierdurch wird eine „Menge" möglicher Anfangsursachen zu einer „Menge" endgültiger Maschinen in Beziehung gesetzt. Nach der These von D. M. MacKay entspricht die Quantität der Information immer einer Quantität der Auswahl, der realen oder der denkbaren. „Planen" und „Konstruieren" sind also Begriffe, auf die „Mengen" anwendbar sind.

„Planen" ist zahlenmäßige Verringerung der anfänglichen Möglichkeiten auf die eine endgültige und mit den gleichen Maßstäben meßbar wie die Vielfalt oder Information – direkt oder logarithmisch ablesbar. Dieses Maß spezifiziert auch die notwendige Kapazität des Kanals zwischen Planer und Maschine. So errechnet ASHBY z. B. das Maß für die not-

wendige Planung einer Briefmarke, aus 15.000 einzelnen Punkten beste-
hend, von denen jeder eine von 10 Tönungen haben kann, mit 49.800
bit. Um mögliche Systeme mit n Zuständen auf eine zu reduzieren, sind
n log2 n bit notwendig. Problemlösen ist nach ASHBY eine Sache der
geeigneten Auswahl, d. h. der Anwendung zeitsparender Methoden der
Selektion und Reduktion. Der „Macher" verhält sich dabei wie ein Reg-
ler, und der Prozeß gleicht einem Regelvorgang.

3.4 Baugeschichte

Die gebaute, vom Menschen selbst geschaffene Umwelt ist ein sehr
komplexes System, das bestimmt wird von den Einflüssen aus Natur und
Umgebung und von den differenzierten Bedürfnissen des Menschen.
Gebäude und Städte werden errichtet, um zwischen diesen Einflüssen und
den eigenen Bedürfnissen zu vermitteln, auszugleichen und die Lebensbedingungen zu verbessern. Behausungen sind komplexe, ultrastabile
Systeme, die auf äußere Einflüsse und deren Veränderungen in einer Weise
reagieren, daß weitgehend konstante und angenehme Lebensbedingungen
in physischer und psychischer Weise aufrechterhalten bleiben.

Ein Blick in die Geschichte des Bauens soll zeigen, wie der Architekt, der
Planer und Entwerfer dieser komplexen Systeme, diese Aufgabe in der
Vergangenheit gelöst, und wie er sich in Anbetracht dieser unüberschaubaren Situation verhalten hat. Nun neigen produktiv und künstlerisch
Schaffende selten dazu, über ihr Tun und Denken zu reflektieren und
ihrer Nachwelt schriftliche Zeugnisse zu überliefern. Man ist auf wenige
Aufzeichnungen angewiesen, die aber beispielhaft genügen mögen, um
zu erkennen, ob sich das menschliche Verhalten in komplexen Situationen in der Vergangenheit von jenem in unserer Gegenwart unterschieden hat oder gar gleich geblieben ist.

Die hervorragendsten unter diesen wenigen Beispielen in der Geschichte
des Bauens sind die Schriften der großen Theoretiker der italienischen
Renaissance, die sich erschöpfend mit dem Entwerfen und Bauen von
Gebäuden und Städten auseinandergesetzt haben. Unter diesen ist
zu nennen FILARETE (1400-1469), der einen „Trattato d'architettura"
(1460-1465) schrieb und damit auch einen ersten Beitrag zur „Idealstadt"
lieferte. Ein Zeitgenosse, ALBERTI (1404-1472), schrieb „De re aedifi-
catoria libri X", das nach seinem Tode 1485 erschien und wohl zu den
bedeutendsten Werken dieser Epoche gezählt werden kann. GIORGIO
MARTINI (1439-1502) gab eine siebenbändige Schrift „Trattato dei architettura civile e militare" heraus, die sich auszeichnet durch die Vielfalt
der vorgeschlagenen Möglichkeiten im Hinblick auf Standort, Nutzung
und Formen. Auch LEONARDO DA VINCI (1452-1519) kann zu den
Baumeistern gezählt werden, die schriftliche Aufzeichnungen ihres Tuns
und Denkens überliefert haben. SERLIO (1475-1554) schrieb „Sieben
Bücher über die Baukunst" (ab 1537) und hatte später am französischen
Hofe großen Einfluß auf die französische Renaissance. Von VIGNOLA
(1507-1573) stammt die Schrift „Regola delle cinque ordini d' architettura" (1563). Der Baumeister der Uffizien in Florenz, VASARI (1508-1580),
schrieb "Vite dei più excellenti pittori, scultori e architetti". DE MARCHI
(1504-1577), ein Festungsbaumeister, behandelte das militärische Bau-

wesen in seiner Schrift "Delle architettura militare", die 1599 erstmals gedruckt wurde. Schließlich ist noch SCAMOZZI (1552-1616) zu nennen, der die venezianische Festungsstadt Palma Nuova ab 1593 baute und die Schrift „Idea dell' architettura universale" 1615 herausbrachte, (lit 3.13 III. S. 30 ff.).

Alle diese Schriften gehen mehr oder weniger zurück auf MARCUS VITRUVIUS POLLIO, einen römischen Kriegsbaumeister des Kaisers Augustus. Vitruv soll in der Zeit von 80-10 v. Chr. gelebt und etwa im 65. Lebensjahr seine 10 Bücher „Über die Baukunst" herausgebracht haben. Vor allem die humanistisch Gebildeten und des Lateinischen mächtig, darunter vor allem Alberti, hatten Zugang zu seinem Werk. Aber auch Filarete kannte den Vitruv wohl nicht nur vom Hörensagen. Als gegen Ende des Jahrhunderts die erste italienische Übersetzung erschien, gewann das Werk Vitruv's bedeutenden Einfluß auf das Baugeschehen dieser Zeit. Serlio soll einer der fanatischsten Anhänger Vitruv's gewesen sein. 1542 wurde in Rom sogar eine Vitruvianische Akademie gegründet (lit 3.14).

Die zehn Bücher „Über die Baukunst" des MARCUS VITRUVIUS POLLIO sind das zeitlich früheste Werk, das uns überliefert wurde. Vitruv beklagt sich in der Vorrede zum siebenten Buch, daß es unter den Griechen und Römern große Architekten gegeben habe, aber nur sehr wenige davon Lehrschriften herausgebracht hätten, um ihr Wissen an die Nachwelt weiterzugeben. Dennoch kann er sich auf eine stattliche Reihe griechischer Baumeister beziehen, deren Schriften er studiert haben will. Was er *„für gut und brauchbar hielt"*, hat er in seinem Werk verarbeitet, um es der Nachwelt zu erhalten. Auch ALBERTI bezieht sich auf die *„sachkundigen Alten"* und nennt außer Vitruv noch Theophrast, Aristoteles, Cato, Varro und Plinius, die mit *„peinlichster Sorgfalt"* ihre Beobachtungen aufgezeichnet haben (lit 3.16 S. 77). Jedoch sind uns diese Schriften nicht erhalten geblieben, so daß außer Vitruv die Renaissance-Theoretiker die frühesten Zeugen dessen sind, wie sich die Architekten einer vergangenen Epoche in Anbetracht einer komplexen Situation verhalten haben.

Aus diesem Kreis wird eine repräsentative Auswahl in die weiteren Untersuchungen einbezogen. MARCUS VITRUVIUS POLLIO wurde ausgewählt, da sein Werk „Über die Baukunst" das früheste uns bekannte Zeugnis ist und den größten Einfluß auf die Bauliteratur der Renaissance ausgeübt hat. ANTONIO AVERLINO FILARETE ist der erste Renaissance-Schriftsteller und stand möglicherweise noch nicht so sehr unter dem Eindruck von Vitruv, und LEON BATTISTA ALBERTI ist unter allen der Gebildetste und Klügste und der Sprache in einer Weise mächtig, die ihn befähigt, den differenzierten Vorgängen am ehesten Ausdruck zu verleihen. Weitere Beispiele sind nicht so beschaffen, daß sie zusätzliche Erkenntnisse brächten. Zum Studium des ALBERTI wurde die im Jahre 1975 in Darmstadt erschienene Ausgabe von Max Theurer herangezogen, – wohl die erste und einzige deutsche Ausgabe. Für FILARETE's „Tractat über die Baukunst" lag die Ausgabe von Wolfgang von Öttingen zugrunde, die 1890 in Wien erschien. VITRUV wurde in deutscher Sprache erstmals bereits im Jahre 1548 von Walter Hermann Riff (Rivius) in Nürnberg herausgegeben. 1796 erschien in Dessau die Ausgabe von

Städte und Behausungen sind komplexe, ultrastabile Systeme.

Rode und 1865 eine Ausgabe von Reber. Die Prestel'sche Ausgabe von 1912/14 enthält auch ein Verzeichnis der 55 bekannten Handschriften, und Ebhardt behandelt in seiner Ausgabe von 1918 alle bis dahin erschienenen Ausgaben seit 1484 und gibt ein Verzeichnis der gesamten Vitruv-Literatur. Zugrundegelegt wurde jedoch die Ausgabe von Stürzenacker, die 1938 in Essen erschien und wohl die Ausgabe ist, die am verständlichsten und am leichtesten lesbar ist und Mängel vorheriger Ausgaben zu vermeiden sucht.

Auffallend ist zunächst die große Übereinstimmung des Aufbaues aller drei Werke. Nach einer einführenden Behandlung von Grundlagen des Bauens kommen alle drei Autoren auf die Wahl des geeigneten Bauplatzes zu sprechen, geben Auswahlkriterien an und zeigen die Vor- und Nachteile von Einflüssen der Umwelt und von Gegebenheiten des Bodens auf. Übereinstimmend wechseln dann alle drei Autoren auf die Baumaterialien über und beschreiben deren Eigenschaften, Gewinnung und zweckmäßige Anwendung. Am deutlichsten bei Alberti werden danach Konstruktionen behandelt, die aus den zuvor besprochenen Materialien hergestellt werden und mittels derer man Gebäude errichten kann. Hierfür werden Regeln der Einteilung, Anordnung und maßlichen Beziehung aufgestellt, die dann – wieder in großer Übereinstimmung – anhand der Funktionen der einzelnen Gebäude im Detail besprochen werden. Und schließlich werden Fragen der künstlerischen Gestaltung, der Anwendung von Stilen und der Anbringung von Schmuck behandelt. Wenn auch dieser Aufbau bei Vitruv und bei Filarete in einer fabulierenden Erzählfreudigkeit nicht immer konsequent eingehalten wird, so werden doch alle Themen in allen drei Werken an irgendeiner Stelle angeschnitten. Diese Übereinstimmung geht bis zu Abhandlungen über das Wasser, über die Musik, über Maschinen und vieles andere mehr.

Es ist kaum anzunehmen, daß hier der Zufall im Spiele ist. Dazu kannten Filarete und Alberti den Vitruv zu gut. Auch mußten beide Kenntnis von den Schriften des anderen haben. Auch ist nicht anzunehmen, daß der kluge und geistig unabhängige Alberti einen solchen Aufbau gedankenlos übernommen hat. Im Gegenteil ist ersichtlich, daß er eine latent vorhandene Ordnung und die ungeheure Fülle des Stoffes gedanklich besser verarbeiten und deutlicher machen konnte, als dies Vitruv und Filarete vermochten. Diese Übereinstimmung läßt eher darauf schließen, daß dem ganzen Komplex eine Gesetzmäßigkeit innewohnt, zumindest jedoch eine Gesetzmäßigkeit, die allgemein als solche anerkannt wurde. Alle drei Autoren fühlten sich in hohem Maße verpflichtet, das aufzuschreiben, was sie selbst und andere tun und denken. Sie wollten reflektierend und schreibend die Zusammenhänge ordnen und der Nachwelt erschöpfend überliefern. So ist es naheliegend anzunehmen, daß sich in der Sequenz „Umwelt-Grundstück-Materialien-Konstruktionen-Funktionen-Formgebung-Schmuck" eine gedankliche Abfolge, ein Gedanken-„Gang", eine Strategie zur Bewältigung der komplexen Situation in einer allgemein verbindlichen und zu jener Zeit anerkannten, „logischen" Gesetzmäßigkeit verbirgt.

Dieses Bemühen, die Komplexität und Unübersichtlichkeit des weiten Feldes der Baukunst „gedanklich" zu bewältigen, durchzieht alle Bücher.

Es wird keine Gelegenheit ausgelassen, darzulegen, daß alle Einflüsse,
Zwecke und Mittel beobachtet, erfaßt, überdacht und eingeordnet werden
sollten. Es werden viele Anleitungen und Aufzählungen gegeben, wie
eine Art Checklisten, um sicherzustellen, daß nichts vergessen wird, was
„den Zweck hat, ein solides und gesundes Bauwerk zu schaffen" (lit 3.16
S. 39). Und so ist es die *„Pflicht eines klugen und gutberatenen Mannes,
… nichts außer acht zu lassen"* (lit 3.16 S. 39), und *„durch Beobachtung
… das zukünftige Geschick einer Gegend vorauszubestimmen"* (lit 316 S.
38). *„So muß man nach langer Beobachtung alles überdenken"* (lit 3.16
S. 36) und *„genau überlegen, was alles zur Sache gehört"* (lit 3.16 S. 37).
Auch wird *„die ganze Kraft des Geistes … bei der Einteilung aufgewandt"*
(lit 3.16 S. 47). Nur durch überlegtes Vorgehen, durch „denkendes"
Verhalten, *„mittels eines bestimmten und bewundernswerten Planes und
Weges"* (lit 3.16 S. 9) kann eine so große und schwierige Aufgabe gelöst
werden. Für ALBERTI ist es die *„Pflicht eines überlegten Mannes … alles
vorher innerlich in Gedanken überdacht und fertig gestellt zu haben"* (lit
3.16 S. 68). Er empfiehlt die Modell-Methode, um nicht nur anhand von
Zeichnungen alles vorher prüfen und abwägen zu können, *„was Kosten
und Mühe erfordert"*. Auch die künstlerische Form wird ausschließlich aus
konstruktiven Besonderheiten, aus den Zwecken und der Angemessenheit
abgeleitet. EGLI erkennt in Alberti den Denker und Architekten, der *„die
Stadt in ihren praktischen Beziehungen und Erfordernissen sieht und diese
einer rationalen Ordnung unterwerfen möchte"*, und Filarete's „Idealstadt"
ist für EGLI eine *„rationale, geplante Stadt"* (lit 3.13 III. S. 19). Für die Renaissance-Theoretiker war die Stadt schlechthin *„ein Gesamtwerk, welches
rationell seine Funktionen zu erfüllen und daher eine Ordnung aufzuwei-
sen hätte, die zweckentsprechend und übersichtlich alle Teile zu einem
Ganzen vereinigen sollte"* (lit 3.13 III. S. 20). Selbst ästhetische Probleme
wie Harmonie und Ebenmaß werden gedanklich ergründet, in Anlehnung
an die Alten durch Zahl und Beziehung definiert und zur Anwendung und
weiteren Überlieferung empfohlen. An keiner Stelle der drei Werke lassen
sich Hinweise finden, die in Anbetracht der komplexen Situation ein anderes Verhalten als ein „denkendes", rationales, systematisches, planvolles
Vorgehen erkennen lassen.

Um dieser Komplexität gewachsen zu sein, fordert schon VITRUV praktisches und theoretisches Können, künstlerisches Talent und wissenschaftliche Bildung des Architekten. Er soll *„sprachlich gewandt sein, zeichnen
können, die Geometrie beherrschen und die Gesetze des Sehens und
der Mathematik kennen. Darüber hinaus soll er geschichtliche und philosophische Kenntnisse besitzen, einiges von der Musik (Akustik) verstehen,
die Heilkunde kennen. Schließlich müssen ihm gesetzliche Vorschriften
geläufig sein, und er muß die Sternkunde und die Gesetze der Astronomie kennen"*. Und er macht darauf aufmerksam, daß *„alle Wissensgebie-
te sachlich verbunden und gegenseitig bedingt sind"*, und daß niemand
Baumeister sein könne, *„der nicht, von Jugend an auf diesen Stufen des
Wissens emporsteigend, eine allseitige Beherrschung der Wissenschaften
und Künste erlangt hat"*. Er zitiert auch den alten Baumeister Pythios,
den Erbauer des Athenetempels in Priene, der in seinen Aufzeichnungen
gesagt haben soll, *„der Baumeister müsse in allen Wissenszweigen mehr
leisten können als die Fachgelehrten"* (lit 3.14 I. 1. Kap.). Für ALBERTI,

den gebildeten Humanisten, ist es leicht, Vitruv zu widersprechen (lit 3.16 S. 518 ff.). Hat er doch selbst Grammatik, Rhetorik und Dialektik studiert, dann Arithmetik, Musik, Geometrie und Astronomie und später noch Jura und Theologie. Er gibt sich sehr bescheiden, wenn er sagt, ein solch großes Werk zu unternehmen, *„ist wohl Sache einer größeren Bildung und Erziehung als ich sie besitze"* (lit 3.16 S. 219), stellt damit jedoch eine mindest ebenso hohe Forderung auf, wie dies Vitruv getan hat. Er schreibt weiter (lit 3.16 S. 515): *„Eine große Sache ist die Architektur, und es kommt nicht allen zu, eine so gewaltige Sache in Angriff zu nehmen. Einen hohen Geist, unermüdlichen Fleiß, höchste Gelehrsamkeit und größte Erfahrung muß jener besitzen und vor allem eine ernste und gründliche Urteilskraft und Einsicht haben, der es wagt, sich Architekt zu nennen."* Und er fährt fort: *„Voll Geist erfunden, im Gebrauche bewährt, im Urteil gewählt, voll Überlegung entworfen, kunstvoll vollendet soll sein, was er übernimmt."* Man ist sich der Vielschichtigkeit der Aufgabe, der Komplexität des zu schaffenden Systems, der Anzahl der inneren und äußeren Einflüsse voll bewußt und versucht durch Geisteskraft, durch „Denk"verhalten, Mittel und Wege zu finden, dieser Vielfalt Herr zu werden.

Nun ist in allen Werken zu erkennen, daß diese Bewältigung des Stoffes in hohem Maße durch die Strategie des Ordnens, Gliederns, Strukturierens erfolgt. Nach VITRUV wird Baukunst bewirkt durch Anordnung, Aufteilung, Eurythmie, Symmetrie, Harmonie und Nutzung (lit 3.14 I. 2. Kap.). Alle sechs Begriffe dieser Gliederung sind Methoden der Anordnung und Zuordnung von Elementen und deren Beziehungen untereinander, die Vitruv im einzelnen erläutert. Auch der Begriff „Nutzung" (Oikonomia) wird von Vitruv als *„die zweckmäßige und räumliche Verteilung von Material und Raum, bei sparsamer Berechnung und Mäßigkeit des baulichen Aufwandes"* definiert. Maßordnungen, Stilordnungen, Anordnungen von Räumen, Bauteilen und Schmuckteilen nach zahlreichen Gesichtspunkten der Zwecke, der Einflüsse und der Angemessenheit nehmen einen großen Teil der zehn Bücher des Vitruv in Anspruch.

Nach ALBERTI beruht die gesamte Baukunst auf den sechs Elementen: Gegend, Grund, Teilung, Mauer, Decke und Öffnung (lit 3.16 S. 21). Alle sechs Elemente sind nach den Kriterien Zweckmäßigkeit, Dauerhaftigkeit und Anmut zu beurteilen. Schönheit ist für ihn das Gesetz der Zahl, der Beziehungen und der Anordnung (lit 3. 16 S. 492). Wie auch Vitruv und Filarete unterteilt er die Gebäude nach ihrer Funktion und gibt Hinweise für die Anordnung von Räumen und Bauteilen. Er wagt eine Einteilung der Gesellschaft und zieht daraus Schlüsse auf die Verschiedenartigkeit der Gebäude, deren Nutzung, Gestalt und Größe. *„Doch alle diese Dinge mögen sein wie sie wollen, sie werden untauglich sein, wenn man bei deren Zusammensetzung nicht Ordnung und Maß hält"* (lit 3.16 S. 307). Es kommt vor allem anderen darauf an, *„daß sie in der Reihenfolge, Lage, Aneinanderfügung, Anordnung und Durchbildung ... am vorteilhaftesten angeordnet sind"* (lit 3.16 S. 306). Es wird auf keiner Seite und bis in die kleinsten Details, auch der künstlerischen Gestaltung, kein Zweifel daran gelassen, daß die Baumeister jener Zeit im Entwurf differenzierter und komplexer Umweltsysteme vorwiegend ein Ordnungsproblem erkannten, das sie durch das Aufstellen überlegter und fundierter Ordnungssysteme zu bewältigen sich bemühten.

Ähnlich breiten Raum nehmen die mahnenden Hinweise auf die Zweckgebundenheit eines jeden einzelnen Teiles ein. *„Mäßig sollen die Glieder sein und zu dem Zwecke, den Du vor Augen hast, notwendig. Denn die Baukunst, wenn Du richtig zusiehst, ging von der Notwendigkeit aus"* (lit 3.16 S. 49). Ein Bauteil sei *„nicht größer, als es der Zweck, nicht kleiner, als es sein Wert erfordert"* (lit 3.16 S. 48). Und dies gilt durchaus für die Anlage einer Stadt wie auch für die Anordnung eines jeden Raumes, Bauteiles und Schmuckelementes. Die Zwecke, Ziele, Bedürfnisse des Menschen und technische Notwendigkeiten werden ausgiebig dargestellt und gelten als einziges, zulässiges Maß für Entscheidungen jeder Art. Bei der Behandlung der Schriften von Leonardo da Vinci trifft EGLI auf den *„Zweckgedanken und die Forderung, daß die Form ihrem Zweck entsprechend sei – im Gegensatz zum zeichnerischen Spiel –, gerade bei einem der erhabensten künstlerischen Genies der Geschichte"* (lit 3.13 III. S. 30). ALBERTI empfiehlt, *„je nach Zweck und Bedürfnis Lage und Art des Grundstückes zu wählen"* (lit 3.16 S. 40). Diese Zwecke und die Bedürfnisse des Menschen werden immer wieder als Maßstab zur Beurteilung alternativer Möglichkeiten herangezogen.

VITRUV beschreibt (lit 3.14 I. 4. Kap.) ebenfalls die Wahl gesunder Baustellen und liefert eine Fülle von Auswahlkriterien, die sich alle auf das – subjektive – Wohlbefinden des Menschen beziehen. Auch in den folgenden Kapiteln wird immer wieder detailliert auf diesen Vorgang des Beurteilens und Abwägens, des Messens von Möglichkeiten anhand eines Systems formulierter Kriterien eingegangen. So soll z. B. bei der Wahl eines Standortes für ein Theater (lit 3.14 V. 3. Kap.) das lange Sitzen, die Schwächung und Ausdünstung des Körpers berücksichtigt und auf Wind, schädliche Beimengungen der Luft und Sonneneinstrahlung geachtet werden. Ein ganzes Kapitel widmet Vitruv der Auswahl klangreiner Standorte unter dem Gesichtspunkt der Hörbarkeit und Vermeidung natürlichen Widerhalls (V. 8. Kap.). Auch Entwurf und Gestaltung des Theaters, die Abmessungen, Proportionen und Raumaufteilung sollen sich ganz nach den jeweiligen Bedürfnissen richten (V. 6. Kap.). Im sechsten Buch behandelt Vitruv die Wohngebäude und gibt auch hier wieder einen Überblick, welche Elemente der Umgebung und des Grundes im Hinblick auf die Bedürfnisse der Bewohner beurteilt werden sollen (lit 3.14 VI. 1. Kap.). Auch die Einteilung des Grundrisses soll ganz nach dem „Gebrauchszweck" und unter „Einhaltung des Ebenmaßes" erfolgen (VI. 2. Kap.). Im 4. Kapitel schreibt er über *„die zweckentsprechende Lage der Räume und die Raumfolgen, vor allem mit Rücksicht auf die Himmelsrichtung".* Angemessenheit und Standesmäßigkeit sind für Vitruv bedeutende Bestandteile eines subjektiven Wertesystems, das allen Auswahlentscheidungen zugrundezulegen ist (VI. 5. Kap.). Er nimmt die „Zweck"haftigkeit und „Not"wendigkeit von Planungsentscheidungen so ernst, daß er mit der gleichen Gründlichkeit über die Bemessung und Lage von Vorratskammern spricht (VI. 6. Kap.) wie über die Anlage von Städten.

Nicht weniger genau nimmt es ALBERTI, *„denn verschiedene Räume bedürfen auch verschiedener Lage und Größe"* (lit 3.16 S. 48). Das 1. Kapitel des vierten Buches beginnt: *„Die Gebäude sind der Menschen wegen erbaut worden, sei es zur Notwendigkeit, zum Bedürfnis und Vorteil des Lebens, sei es zum zeitweiligen Vergnügen bestimmt".* Man muß darauf achten, daß *„nichts ausgeführt wird, das nicht dem Zweck des Beginnens entspricht"* (lit 3.16 S. 308). Und die Anordnung aller Teile muß *„nach einer gewissen Übereinstimmung von Zweck und Bequemlichkeit geplant und durchgeführt werden"* (lit 3.16 S. 306). Wie schon Vitruv gibt auch Alberti Beurteilungskriterien für den Standort von Wohnhäusern, für Lage und Abmessung von Räumen und Bauteilen der unterschiedlichsten Funktion, – vom Atrium, dem vornehmsten Teil des Hauses, bis hin zu den Vorratskammern und Abtritten (lit 3.16 S. 272 ff.). Für Alberti sind *„Zweckmäßigkeit und Dauerhaftigkeit die unbedingten Voraussetzungen, deren restlose Erfüllung erst einem Gebäude Schönheit zu verleihen vermag"* (lit 3.16 S. LIII). Die Abhandlungen „Über die Baukunst" lassen einmütig und von Anfang bis Ende erkennen, daß Planen und Entwerfen von Städten und Gebäuden von Alberti, wie auch von Vitruv und anderen, als zweck- und zielorientierter Vorgang angesehen wurde, dessen einzelne Schritte an den Maßstäben eines subjektiven Wertesystems gemessen wurden.

Wenn es auch zunächst den Anschein hat, als würden Regeln und Ordnungsvorschriften, die in den Abhandlungen der Theoretiker in großer Zahl aufgestellt werden, die Handlungsfreiheit des Architekten stark einengen, so muß man bei näherem Zusehen doch eingestehen, daß die gedankliche Durchleuchtung des gesamten Komplexes der Baukunst für die damalige Zeit ein weites Feld von Möglichkeiten eröffnet hat. Bereits die analytische Zerlegung der Baukunst in Elemente – Umgebung, Grundstück, Material, Konstruktion, Form und Schmuck – und in Bauteile – Wand, Säule, Decke, Gewölbe, Treppe und Öffnung – schafft Möglichkeiten der mannigfaltigen Kombination. Dies erkennt auch VITRUV und schreibt (lit 3.14 I. 2. Kap.): *„Durch Kombination aber ergibt sich die Lösung von Zweifelsfragen und die Begründung neuer Zusammenhänge auf Grund schöpferischer Arbeit",* – Problemlösung also nach der morphologischen Methode durch analytische Zerlegung und Kombination zu neuen Lösungen. VITRUV und ALBERTI sind bemüht, zu allen Elementen und Bauteilen alle „denkbaren" Möglichkeiten aufzuzeigen, und liefern regelrechte Kataloge, z. B. der möglichen Lage von Baustellen für Städte und Gebäude, der möglichen Arten von Tempeln, der möglichen Materialien und Bauweisen, der möglichen Gestaltungs- und Dekorationsmittel und vieles andere mehr. Sie versäumten jedoch nicht, gleichzeitig Kriterien zur Eingrenzung der Möglichkeiten und zur Auswahl der geeigneten, zweckmäßigen und angemessenen Lösung aufzustellen.

So deutlich wird dies bei Alberti, daß THEURER (lit 3.16 S. LVI) schreibt: *„Alberti will mit seinem Werke der Baukunst keine starren Grenzen ziehen, sondern vielmehr durch den Hinweis auf neue Aufgaben und Ziele dieselben ausdehnen und erweitern. Überall – selbst bei der Behandlung der Säulenordnungen – ist er bemüht, womöglich kein bindendes Maß, sondern nur die beiden Extreme nach oben und unten anzugeben, in-*

Denkschritte werden an Maßstäben subjektiver Wertesysteme gemessen.

nerhalb welcher dem schaffenden Künstler freier Spielraum gelassen ist". Man soll, so Alberti, nicht an die überkommenen Gewohnheiten *„wie durch Gesetze gebunden daran festhalten, sondern … durch neue, und bessere Entwürfe gleiches oder womöglich noch größeres Lob zu ernten suchen"* (lit 3.16 S. 50). Aber er grenzt auch wieder ein und wendet sich gegen den „Fehler der Unwissenheit", die behaupten würde, *„je nach dem Geschmack des Einzelnen sei die Form des Bauwerkes verschieden und veränderlich und durch keinerlei künstlerische Vorschriften einzuschränken"* (lit 3.16 S. 294). Alberti's künstlerisches Bekenntnis gipfelt in dem Wort: Der Vater der Kunst ist der Zufall und die Neigung, der Ernährer aber das Bedürfnis und der Versuch; durch Erkenntnis aber und ruhige Überlegung hat sie sich entfaltet (lit 3.16 S. 294), – eine inhaltsschwere Aussage, die ihn in die Reihe der größten Baumeister aller Epochen der Baugeschichte erhebt.

Es ist sehr deutlich erkennbar, daß sich ALBERTI, VITRUV und andere mit ihren Schriften die Aufgabe gestellt haben, durch Analyse und Strukturierung des Bauens und Aufzeigen aller „denkbaren" Möglichkeiten einen weiten Spielraum für neue Lösungen und künstlerische Gestaltung zu schaffen. Das Planen und Entwerfen von Städten und Gebäuden ist für sie nicht nur das „zweck"orientierte Vorgehen auf ein Ziel, das Einschränken und Auswählen nach subjektiven Kriterien, sondern auch das Schaffen von Spielräumen, das Erkennen und „denkende" Ausschöpfen alternativer Möglichkeiten.

Denken ist Schaffen von Spielräumen.

Wenn es auch keinen in unserem heutigen Sinne formulierten Niederschlag gefunden hat, läßt sich das Moment der Transformation aus zahlreichen vorangegangenen Zitaten erkennen. Man findet jedoch überall das Bewußtsein für die Notwendigkeit, den Wünschen und Bedürfnissen der Menschen, den Eigenschaften von Materialien und Bauweisen, den Einflüssen der Umwelt und des Bodens, also Abstraktem und Ideellem, einen materiellen Ausdruck zu verleihen. Am deutlichsten sagt dies ALBERTI in seiner Vorrede zu den zehn Büchern: *„Ich habe nämlich ersehen, daß ein Gebäude eine Art Körper sei, der wie andere Körper aus Linien und der Materie besteht. Die ersteren werden vom Geiste hervorgebracht, die letztere aber gewinnen wir aus der Natur. Für jene müssen wir Verstand und Erwägung, für diese die Zubereitung und Auswahl anwenden. Doch mit keinem von beiden allein wird uns recht gedient sein, wie ich erfahren habe, wenn nicht auch die Hand eines erfahrenen Künstlers hinzutritt, um die Materie zu formen"* (lit 3.16 S. 14).

Nicht zuletzt dieses Wort zeigt, zu welch hohem Abstraktionsgrad das Denken ALBERTI's fähig war. *„Jede Aufgabe innerhalb des weitgezogenen Wirkungskreises, an die er herantritt, sucht er zunächst in allgemeinster Art zu lösen"*, schreibt THEURER (lit 3.16 S. LIII). Wenn auch nicht expressis verbis, so ist doch unschwer in seinem Werk das Bemühen um eine „Theorie des Planens" zu erkennen. *„Oft und viel muß man vorher nachsinnen und überlegen und mit Maßstäben, Tabellen, allen möglichen anderen Sachen und Modellen den ganzen Bau und die einzelnen Teile desselben vorher durcharbeiten, weil man hierbei noch ohne Nachteil etwas hinzufügen oder weglassen und sehen kann, welcher Art,*

*wie beschaffen und wie groß das Haus werden wird, damit es dich nicht
am Ende, wenn alles fertig ist, gereue und du sagst: das hätte ich nicht
wollen und das hätte ich lieber wollen"*, beginnt ALBERTI das zweite
Buch (lit 3.16 S. 67).

Angesichts einer komplexen und unüberschaubaren Situation lassen AL-
BERT, VITRUV und andere ein „Denk"verhalten erkennen, das heute ohne
Zweifel mit „Planen" bezeichnet würde. Es werden „Denk"-Strategien des
Ordnens, des zielgerichteten Wertens und Auswählens, des Erzeugens von
Spielräumen und des Transformierens angewandt, um aus einer unüberschaubaren Fülle von Informationen, von inneren und äußeren Einflüssen,
von Wünschen und Bedürfnissen, von Gepflogenheiten und Vorschriften
und von Eigenschaften der Materialien und Konstruktionen letztendlich
eine Stadt oder ein Gebäude zu entwickeln, dessen Teile aufeinander
abgestimmt und sich harmonisch zu einem Ganzen fügen, – also ein komplexes, integriertes und funktionierendes Umweltsystem zur Verbesserung
und Aufrechterhaltung menschlicher Lebensbedingungen.

Auch ist nicht zu übersehen, daß, losgelöst von den Objekten, eine Regel des Ablaufes, eine „Logik" des Planens, aufgestellt wurde, die sich in
der Sequenz Umwelt - Grund - Material - Konstruktion - Funktion - Form
- Schmuck niederschlägt. Auch Maßordnungen, Gestaltungsregeln und
einzelne dargestellte Methoden (z. B. Modell-Methode, Morphologische
Methode) lassen das systematische Vorgehen und denkende Verhalten
in einzelnen Situationen erkennen und passen durchaus in das, von
allen Objektbereichen abstrahierte Bild einer „Theorie des Planens" im
heutigen Sinne.

Der Blick in die Vergangenheit zeigt, daß sich das Verhalten der Architekten vor zweitausend Jahren und Ende des 15. Jahrhunderts von dem
heutigen Verhalten, im Sinne einer „Theorie des Planens", nicht unterschieden hat. Wenn man Unterschiede glaubt beobachten zu können,
so sind diese mehr sprachlicher als sachlicher Natur, wobei dahingestellt
bleiben mag, welcher sprachliche Begriffsschatz eher in der Lage ist,
den differenzierten Beobachtungen Ausdruck zu verleihen. Mit Sicherheit kann jedoch angenommen werden, daß die lateinische Sprache des
Alberti mit einer größeren Präzision das be„greift", was er bei sich und
anderen beobachtet und erfahren hat, als dies eine deutsche Übersetzung jemals vermag. Es ist auch sicher nicht abwegig, festzustellen, daß
sich das Verhalten des großen Renaissance-Baumeisters Alberti weitaus
„rationaler" darstellt, als es die heutige Auffassung von „Genialität" er-
laubt. Und dieses Kapitel soll nicht nur zu einer historischen Bestätigung
von Erkenntnissen geführt haben, es soll auch nicht beendet werden,
ohne die Frage aufzuwerfen, ob nicht doch Zusammenhänge zwischen
einer „rationalen" Bewältigung komplexer Situationen und Blütezeiten
der Baukunst bestehen.

4 Aufstellung von Hypothesen

4.1 Hypothesenbildung

Eine Hypothese ist eine *„wohlerwogene begrifflich-wissenschaftliche Annahme, welche die lückenhafte empirische Erkenntnis an einer bestimmten Stelle ergänzen oder verschiedene empirische Erkenntnisse zu einem Ganzen verbinden oder die vorläufige Erklärung einer Tatsache oder Tatsachengruppe darstellen soll"* (lit 2.5 S. 282). *„Die wesentliche Funktion einer Hypothese besteht darin, daß sie zu neuen Beobachtungen und Versuchen führt, wodurch unsere Vermutung bestätigt, widerlegt oder modifiziert, kurz die Erfahrung erweitert wird"* (Mach). LEINFELLNER weist darauf hin, *„daß Hypothesen nicht Naturgesetze sein müssen; zu diesen werden sie erst, wenn sie gut bestätigbar sind"* (lit 4.1 S. 19). Hypothesen sind theoretische Erwartungen, wobei aus einer angenommenen Ordnung der Dinge Konsequenzen deduziert werden, die u. U. empirischen (experimentellen) Nachweismitteln zugänglich sind. Platon (lit 4.2 S. 97) ging davon aus, daß alles wissenschaftliche Argumentieren mit der Behauptung einer vorläufigen allgemeinen Aussage beginnt, die man für die sicherste hält, und von der man glaubt, daß sie bewiesen werden kann. LEINFELLNER bezeichnet Hypothesen als die einfachsten, „synthetischen" Keimzellen unseres Wissens (lit 4.2 S. 98), die nach der heutigen wissenschaftstheoretischen Anschauung nicht ausschließlich konditionale Behauptungen darstellen, sondern einer statistischen Bestätigung und einer Voraussagewahrscheinlichkeit genügen müssen.

Im Folgenden werden Hypothesen aufgestellt, die aus den Erkenntnissen der vorausgegangenen Kapitel abgeleitet sind. Es werden Aussagen darüber gemacht, welche Merkmale oder Eigenschaften planenden Verhaltens einen derart quantitativen Charakter haben, daß sie Meßgrößen für die geistige Arbeit sein könnten. Es wird angenommen, daß diese hypothetischen Aussagen mit großer Wahrscheinlichkeit empirisch und experimentell bewiesen werden können. Im Sinne von Mach sollen die Hypothesen vor allem zu weiteren Beobachtungen und Versuchen anregen. Die Bestätigung kann nicht im Rahmen dieser Arbeit erreicht werden, da hierzu umfangreiche Versuchsanordnungen, zum Teil auch in anderen Wissenschaftsbereichen, notwendig sind.

Das Verfahren zur Bildung der Hypothesen entspricht im wissenschaftstheoretischen Sinne einem theoretisch-pragmatischen Vorgehen, das auch mit Regression bezeichnet wird und induktives und deduktives Verhalten einschließt. Aus induktiv gewonnenem Wissen werden allgemeine Sätze aufgestellt, die als Hypothesen oder Hypothesenkomplexe wiederum deduktive Ableitungen zulassen. Diese Ableitungen sind zu bestätigen oder die induktiv gewonnenen Sätze sind zu korrigieren und anzupassen. Dieses Verfahren kann jedoch nicht vollständig durchgeführt werden. Nur weitere und sicher sehr umfangreiche Forschungen können den hiermit eingeleiteten Prozeß ergänzen und abschließen.

Die aufzustellenden Hypothesen sollen ein Meßsystem begründen, das planendes Verhalten mittels seiner Merkmale, unbeeinflußt von subjektiven Leistungsfaktoren, vergleichbar macht. Dieses Meßsystem soll die Lücke schließen, die zwischen den Eigenschaften des Planens und der praktischen Anwendung besteht. Meßsysteme erfordern jedoch, so LEINFELLNER (lit 4.1 S. 48), eine ordnende Beziehung, eine Meßvorschrift, die gestattet, eindeutige Beziehungen zwischen einer Metrik, Rangordnung oder topologischen Ordnung und den zu beobachtenden Phänomenen herzustellen, und zusätzlich eine kognitive semantische Bedeutung des Maßes, eine Skala mit Werteinheiten. Für diese ordnenden Beziehungen werden die nachfolgenden Hypothesen aufgestellt, als Grundlage für ein späteres, vollkommenes Meßsystem, ohne bereits jetzt auf mögliche Werteinheiten, Skalen und Berechnungsformeln einzugehen.

4.2 Die „Ordnungs"-Hypothese

Das Ordnen wurde als eine der auffallendsten Eigenschaften planenden Verhaltens erkannt (s. Kap. 2.3). Geordnet wird immer die „große Zahl", gleich welcher Natur die einzelnen Elemente sind. Es geht immer um – meist zunächst nicht überschaubare – Mengen von Elementen, die nach irgendwelchen Gesichtspunkten zu neuen, überschaubaren Mengen zu ordnen sind. Wenn planendes Verhalten als ordnendes Verhalten erkannt wird, dann kann es an der Menge der Elemente und der Anzahl der Ordnungsvorgänge gemessen werden. Eine Menge von 100 Elementen zu ordnen, ist 10 mal soviel Denkarbeit wie 10 Elemente zu ordnen. Ein Element an 10 Ordnungskriterien zu messen, ist doppelt soviel Denkarbeit wie nur an 5 Kriterien. 100 Elemente mit 10 Ordnungskriterien zu vergleichen, würden zunächst, ohne auf informationstheoretische Darstellungen eingehen zu wollen, 1000 Ordnungsvorgänge oder auch Arbeitseinheiten bedeuten.

Die zu ordnenden Elemente stellen sich in ihrer frühesten Form als abstrakte Daten, als Informationen dar. Diese abstrakten und „chaotischen" Informationen werden nach unterschiedlichen und ständig wechselnden Ordnungssystemen – nach Klassen, nach Relevanzen, nach raumzeitlichen An- und Zuordnungen u. v. a. – zu überschaubaren und sinnvollen Endzuständen geordnet. Dieser gesamte Prozeß ist durch die Anzahl der Informationen und Anzahl der Ordnungsvorgänge quantifiziert. Planungsarbeit könnte also mathematisch abgebildet, verglichen und gemessen werden. Da Planungsarbeit in hohem Maße, wie bereits dargestellt, eine ordnende Tätigkeit ist oder zumindest auf diese zurückgeführt werden kann, wird folgende Hypothese aufgestellt:

> Die Menge der Ausgangsinformation und die Anzahl der Ord
> nungsvorgänge ist ein Maß für Planungsarbeit.

Ganz sicher wird diese Hypothese nach detaillierten Untersuchungen zu differenzieren sein. Möglicherweise sind Art oder Zustand der Ausgangsinformation und auch die Ordnungskriterien unterschiedlich zu werten. Möglicherweise kann diese Hypothese auch mit weiteren verknüpft werden, um zu präziseren Meßergebnissen zu kommen. Aber jetzt schon läßt sich daraus ableiten: Wenn die Menge der zu verarbeitenden Information tatsächlich ein Maß für Planungsarbeit ist und die Ausgangsinformation die Qualität einer Planung zumindest beeinflußt, dann ist die

Menge der Information auch einer der möglichen Maßstäbe für die Qualität des Planungsergebnisses. Und wenn es richtig ist, daß die Anzahl der Ordnungsvorgänge, wozu ja auch die Bildung von Alternativen zählt, ein Maß für Planungsarbeit ist, und die Anzahl dieser Ordnungsvorgänge auch die Qualität beeinflußt, dann ist die Anzahl der Ordnungsvorgänge auch ein Maß für die Qualität einer Planung. Und wenn sich die aufgestellte Hypothese bestätigen sollte, dann lassen sich Planungen durch ihre notwendige Arbeit, gemessen an der Menge der Ausgangsinformation und der beabsichtigten oder geforderten Ordnungsvorgänge, unterscheiden und bestimmen.

4.3 Die „Ziel"-Hypothese

Wie in Kapitel 2.4 dargestellt, ist die sogenannte „Zielfunktion" eine der weiteren Eigenschaften des planenden Verhaltens. Im Hinblick auf Ziele durchdringen Wertesysteme das planende Verhalten bis in jede einzelne Operation des schrittweisen Vorgehens. Planen ist ein ständiger Meß-, Bewertungs- und Steuerungsvorgang, der – mit Stachowiak – auch als kybernetischer Regelungsprozeß angesehen werden kann. Jede einzelne Operation wird mit dem gesamten oder dem jeweils relevanten Satz der operationalen Zielkriterien verglichen.

Die Menge der operationalen Zielkriterien und die Häufigkeit ihrer Anwendung bestimmen die zu erbringende Planungsarbeit. Je mehr Zielkriterien und je mehr Bewertungsvorgänge, umso mehr Planungsarbeit ist zu erbringen. Eine Planung auf nur wenige Ziele auszurichten, bedeutet weniger Denkarbeit und läßt schneller ans Ziel kommen als eine Planung, die auf einen sehr differenzierten Zielkomplex ausgerichtet ist. Und um eine nur geringe Zahl von Handlungs- oder Lösungsmöglichkeiten an den Zielen zu messen, ist zweifellos weniger Denkarbeit notwendig als bei einer großen Zahl von zu bewertenden Alternativen und zum Ziel führenden Schritten. Die Anzahl der Zielkriterien und die Anzahl der Bewertungsvorgänge sind Quanten, die Planung zu einem objektiven, meßbaren und somit auch vergleichbaren Denkprozeß machen. Dementsprechend wird nach der „Ordnungs"-Hypothese eine weitere aufgestellt:

> Die Anzahl der operationalen Zielkriterien und die Anzahl der Bewertungsvorgänge ist ein Maß für Planungsarbeit.

Diese Aussage hat zunächst einen sehr hohen Abstraktionsgrad. Es ist durchaus möglich, daß die unterschiedliche Art von Zielen beim Meßvorgang unterschiedlich zu gewichten sind oder unterschiedliche Arbeitsgrößen darstellen. Es kann und darf jedoch keine Rolle spielen, welche Methode bei den Bewertungsvorgängen angewandt wird. Das Maß für Denkarbeit kann nie durch Denkmethoden bestimmt werden, da diese allenfalls ein Faktor sind und in die Leistung eingehen.

Bei näherem Hinsehen erscheint es möglich, diese „Ziel"-Hypothese mit der „Ordnungs"-Hypothese zumindest teilweise zu verbinden. Bewertungsvorgänge sind in gewisser Weise ebenfalls Ordnungsvorgänge, nur nach einem ganz bestimmten Ordnungssystem. Es erscheint nicht ausgeschlossen, daß die Vorgänge des Ordnens und Wertens identisch sind und sich nur durch die Anwendung verschiedener Ordnungssysteme unterscheiden. Es wäre jedoch zu früh, hierüber ohne detaillierte Untersuchungen bereits jetzt Aussagen zu machen.

Ganz unterschiedlicher Art und in gleicher Weise bedeutend für den Umfang der Planungsarbeit scheinen jedoch die Menge der Ausgangsinformation und die Menge der zu erreichenden Ziele zu sein. Es sei denn, man rechnet die Zielkriterien auch zu den Ordnungskriterien und räumt der Menge der Ordnungskriterien, vielleicht mit unterschiedlichen Gewichten, ebenfalls ein, ein Maß für Planungsarbeit zu sein. Das sollte aber genauer untersucht werden. Dann würden sich die Menge der Ausgangsinformation als Input und die Menge der Ordnungskriterien als Steuerungsbefehle gegenüberstehen und mögliche Meßgrößen für Planungsarbeit sein. Daraus würde sich eine weitere Hypothese ableiten:

> Die Menge der Ausgangsinformation und die Menge der Ordnungskriterien, worunter sich auch die Zielkriterien befinden, sind in einer noch zu bestimmenden Relation ein Maß für Planungsarbeit.

Denkbar wäre auch, in den gesamten Meßvorgang der Planungsarbeit eine Meßvorschrift für den Grad der Zielerreichung einzuführen. Aus Meßregeln für die einzelnen Zielkriterien ließe sich über ein Punktsystem ein Faktor ermitteln, der das Maß der ermittelten Gesamtarbeit um den Grad der Zielerreichung mindert.

4.4 Die „Feld"-Hypothese

Bei der weiteren Analyse des Begriffes „Planen" wurde eine sogenannte Breitendimension des Planens festgestellt (s. Kap. 2.5). Planen ist nicht allein bestimmbar durch eine Tiefe, durch zum Ziel hinführende Operationen. Planendes Verhalten wird auch bestimmt und der Umfang der planenden Denkarbeit definiert durch die Breite eines Spielraumes, der neue Wege und bessere Lösungen eröffnet. Das „laterale" Denken wurde als charakteristische Eigenschaft des Planens erkannt. Dieser Spielraum des Planens drückt sich aus in Alternativen zu der einen Handlungs- und Lösungsmöglichkeit, die zum Ziele führt. Diese Breite ist objektiviert und quantifiziert durch die Anzahl der Möglichkeiten, die auf allen Stufen des Vorschreitens zum Ziel zur Auswahl stehen.

Diese Anzahl der Möglichkeiten ist nicht identisch mit der Anzahl der Ausgangsinformationen. Diese können zu einer einzigen Lösung, jedoch auch zu einer zwar begrenzten, aber beliebigen Anzahl von Alternativen kombiniert werden. Die Anzahl bestimmt jedoch den Umfang der zu erbringenden Denkarbeit. Hierbei ist völlig abstrahiert von der Frage, ob der nun gerade Denkende in der Lage ist, diese Alternativen zu finden, ob diese Alternativen, nach bestimmten Wertsystemen zu beurteilen, gut sind, und gar ob diese Alternativen intuitiv, in kurzer Zeit, oder mathematisch-statistisch aufgestellt wurden. Das wäre eine Frage der Kreativität des Denkenden und stellt dessen individuelle Denkleistung dar. Da es hier jedoch um mögliche Quanten einer objektiven Denkarbeit geht, kann des weiteren folgende Hypothese aufgestellt werden:

Die Anzahl der Alternativen ist ein Maß für Planungsarbeit.

Demnach könnten also Planungen an der Anzahl der behandelten Alternativen gemessen und miteinander verglichen werden. Es müßte untersucht werden, ob dabei der Komplexitätsgrad der Alternativen, der Informations„gehalt", eine Rolle spielt. Das würde bedeuten, daß die Arbeitseinheit unterschiedlich zu gewichten ist oder daß Vielfache einer Grundeinheit angewandt werden. Vielleicht kommt es auch weniger auf die Komplexität der Alternativen an als vielmehr auf die Anzahl der anzuwendenden Auswahlkriterien. Dann würde jedoch wieder die Anzahl der Bewertungsvorgänge maßgebend sein, und die Anzahl der Alternativen könnte vernachlässigt werden. Dies wäre nicht unbedingt anstrebenswert, weil dann ein Maß für die Breite des Planens verloren ginge. Die Verständigungsmöglichkeit und Vergleichbarkeit würde in dieser Hinsicht entfallen. Und die durch Breite investierte Denkarbeit hätte zweifellos Einfluß auf die Qualität der Planung. So wäre vielleicht auch denkbar, ein Maß für die „Breite" und ein Maß für die „Tiefe" einzuführen. Dann würde die Breite durch die Anzahl der Alternativen und die Tiefe durch die Anzahl der Bewertungs- und Ordnungsvorgänge bestimmt.

4.5 Die „Transformation"-Hypothese

Neben „Ordnen", „Werten" und „Ausweiten" wurde „Transformieren" als letzte deutlich unterscheidbare Eigenschaft planenden Verhaltens analysiert (s. Kap. 2.6), Abstraktes und Ideelles wird in zahlreichen Schritten in Konkretes und Materielles verwandelt. Anfangszustände von Informationsmengen werden transformiert in Endzustände. Transformation wurde als die geistige Arbeit erkannt, die verrichtet werden muß, um Zustandsänderungen von Informationen herbeizuführen. Planen kann auch als ein Transformationsprozeß angesehen werden, der an der Anzahl der zum Ziel führenden Transformationen gemessen und verglichen werden kann. Das objektivierbare Quantum des Transformations-Verhaltens ist die Anzahl der Transformationen. So kann zunächst, als weitere Hypothese, gesagt werden:

Die Anzahl der Transformationen ist ein Maß für Planungsarbeit.

Nun wurde in Kap. 2.6 auch festgestellt, daß die Denkarbeit der Transformation bestimmt wird durch die Komplexität des zu transformierenden Systems, d. h. durch die zu transformierende Menge der Information und deren Relationen. Eine geringe Informationsmenge ist leichter zu transformieren als sehr komplexe Systeme. Es wirft sich also die Frage auf, welche Rolle die Menge der Information bei den Transformationen spielt. Es muß untersucht werden, ob die zu transformierende Informationsmenge die Denkarbeit linear oder gar exponentiell beeinflußt. Jedenfalls muß die Menge der Information in irgendeiner Weise in die Rechnung eingehen, so daß die anfängliche Hypothese in der Weise modifiziert wird:

> Die Menge der zu transformierenden Information ist ein Maß für die Transformationsarbeit. Die Summe der Transformationsarbeit ist gleich die gesamte Planungsarbeit.

Es bleibt die Frage, ob diese zu transformierende Informationsmenge etwas mit der Menge der Ausgangsinformation in Zusammenhang mit der „Ordnungs"-Hypothese zu tun hat. Ganz sicher ist die Ausgangsinformation auch eine – die allerste – zu transformierende Informationsmenge. Sie ist sicher auch grundlegend für das Ausmaß der Planungsarbeit. Aber sie scheint immer wiederzukehren und den Umfang der Planung durch ein Vielfaches ihrer Anwendung zu bestimmen, in Ordnungsvorgängen, im Informationsgehalt von Alternativen und jetzt in der Informationsmenge einer Transformation. Die Einflüsse der Anfangsinformation auf die Planungsarbeit durch vielfache Anwendung müssen im einzelnen noch untersucht werden.

Auch wenn es vielleicht naheliegend ist, die Ausweitung durch Alternativenbildung durch die Anzahl der Transformationen zu erfassen, so muß doch darauf hingewiesen werden, daß noch nicht nachgewiesen ist, daß alle in einer Planung erscheinenden Alternativen auf Transformationen zurückzuführen sind. Auch könnten u. U. Ordnungsvorgänge mit Transformationen gleichgesetzt werden. Das Ordnen von Informationsmengen könnte gleichbedeutend sein mit der Zustandsänderung, einer Transformation im weitesten Sinne. Aber auch eine solche Aussage wäre verfrüht, da der Einfluß des Komplexitätsgrades eines zu transformierenden Systems auf die Denkarbeit nicht bekannt ist und sich möglicherweise anders auswirkt als nur eine Umsortierung von Informationen oder Informationspaketen in Form von Elementen.

Wenn hier Transformieren streng von Ordnen unterschieden wird, auch wenn sich im weitesten Sinne eine Vergleichbarkeit ergibt, so muß Transformieren bei der Aufstellung von Hypothesen über mögliche Meßgrößen doch so weit gefaßt werden, daß von unterschiedlichen Formen abstrahiert wird. Wie bereits dargestellt, reichen die Methoden des Transformierens von mathematischen, algorithmischen bis zu den intuitiven. Hier ist jedoch bereits eine Ebene erreicht, der keine objektiv feststellbaren Quanten entnommen werden können. Methoden sind immer zeitsparende Hilfsmittel, die in eine Leistungs-Rechnung eingehen. Die einzige Meßgröße für Planungsarbeit ist in diesem Falle die Information, die in einer noch näher zu bestimmenden Weise die Arbeits-Rechnung aufmacht.

4.6 Die „biologische" Hypothese

Wohl haben Hypothesen immer einen spekulativen Charakter. Aber hier wäre es vielleicht besser, von einer planungsrelevanten, biologischen „Spekulation" zu sprechen. In Kapitel 3.1 wurde aufgezeigt, daß geistige Tätigkeit von materiellen Vorgängen begleitet ist. In den Neuronen werden Protein- und Peptidmoleküle gebildet, in den Synapsen werden Transmitterstoffe verbraucht. Denken ist Kalorienverbrauch. Die

Forschung hat bereits tiefe Einblicke in die materiellen Entsprechungen gewonnen.

Es ist naheliegend, anzunehmen, daß dieser Verbrauch von materiellen Substanzen etwas über die geistige Arbeit aussagen kann und Werte liefert, die zu Meßgrößen erhoben werden können. Es sollte möglich sein, durch verfeinerte Meßmethoden den Verbrauch bei ganz bestimmten, fundamentalen Denkvorgängen festzustellen und miteinander zu vergleichen. Man wird dabei Aufschlüsse gewinnen, ob es eine addierbare Grundeinheit gibt, ob elementare Denkvorgänge unterschiedlichen Verbrauch haben und in welchem Maße Leistungsfaktoren die Ergebnisse bestimmen. Denn höhere Denkvorgänge sind bereits Strategien, energiesparende Methoden zur Bewältigung komplexer Aufgaben. Bedeutet der Einsatz solcher Strategien geringeren oder höheren Verbrauch pro Zeiteinheit oder letztlich nur Zeiteinsparung? Auf diese Weise werden auch die wahren Elementarprozesse ermittelt, die noch völlig frei sind von den energiesparenden Weiterentwicklungen des Gehirns. So sind Ordnungsvorgänge vielleicht solche elementaren Prozesse, und Transformationen haben bereits einen erheblich höheren „Wirkungsgrad".

Neben eine „Entwicklungsgeschichte des menschlichen Gehirns" muß eine „Entwicklungsgeschichte des menschlichen Denkvermögens" gestellt werden, die ein Anwachsen des durchschnittlichen Leistungsfaktors oder die Verringerung des Substanzverbrauchs durch Ausbildung neuer Denkstrategien aufzeigen sollte. Hier könnte sich auch eine enge Zusammenarbeit mit der Experimentalpsychologie anbieten zur Aufdeckung hierarchischer Zusammenhänge von Denkakten, -methoden und -strategien. Es ist anzunehmen, daß die biologische Forschung bereits heute schon in der Lage ist, über Denkarbeit und Substanzverbrauch etwas auszusagen, wenn eine entsprechende Aufgabe gestellt und deren Lösung als sinnvoll angesehen wird. Auf diese Weise ist es jedoch zumindest nicht ausgeschlossen, zu einer biologisch-physikalischen Maßeinheit und zu Meßregeln für Denkarbeit zu kommen, so daß eine Verständigung über den Umfang von Denkarbeit und deren Rationalisierung durch Einsatz effektiverer Methoden, und sei es maschineller, möglich wird.

4.7 Die „psychologische" Hypothese

Aus der Analyse „denk"psychologischer Literatur (s. Kap. 3.2) kann entnommen werden, daß sich „Denken" als Verhalten angesichts bestimmter Situationen entwickelt hat. Da diese Situationen sich wiederholten, ist auch das Repertoire an Verhaltensplänen, an Strategien, begrenzt. Diese Strategien betrachtet man als einen Komplex elementarer Prozesse, die zu einem großen Teil simultan ablaufen. Nach Auffassung der Psychologie kann Denken exakt als Zusammenwirken von genau zu definierenden Elementarprozessen beschrieben werden.

Wenn es richtig ist, daß die Psychologie alle komplexen Denkvorgänge auf eine begrenzte Anzahl von Elementarprozessen zurückführen kann, liegt es nahe, in diesen Prozeßeinheiten ein Maß für Denkarbeit zu suchen. Diese psychologische Anschauung hat auch eine gewisse Übereinstimmung mit der biologischen Erkenntnis von der Entwicklung des Gehirns, wonach sich einfache, eingespeicherte Verhaltensweisen durch Kombination zu differenzierten und immer komplexeren Verhaltensmöglichkeiten entwickelt haben (s. Kap. 3.1).

Es ist also denkbar, daß ein ganzer Denkkomplex, wie z. B. ein Planungsprozeß, dekomponiert wird in einzelne Strategien, in Methoden, in einzelne Vorgänge und schließlich in elementare Denkeinheiten. Im Zusammenwirken mit der biologischen Forschung könnte dann auch festgestellt werden, ob simultanes Ablaufen der Elementarprozesse tatsächlich Energieeinsparung oder nur Zeiteinsparung bedeutet. Wenn sich der Verbrauch von Substanzen verringert, dann blieben dennoch die Anzahl der Elementarprozesse und deren isolierter Energieverbrauch als echtes Maß für Denkarbeit. Aus diesen Grundeinheiten wird sich die zur Lösung einer bestimmten Aufgabe notwendige Denkarbeit errechnen lassen, unabhängig von der Anwendung zeit- und energiesparender Methoden. Damit sind auch Ansätze zur Rationalisierung geschaffen, d. h. bei Erhaltung des Wertes der Arbeit bringen Zeiteinsparungen eine Steigerung der Leistung. So kann also folgende Hypothese aufgestellt werden:

> Wenn komplexe Denkprozesse auf elementare Denkvorgänge zurückgeführt werden können, so sind diese Elementareinheiten ein Maß für Denkarbeit.

4.8 Die „kybernetische" Hypothese

Wenn planendes Verhalten als ein Verarbeitungsprozeß von Informationen angesehen wird, und dem scheint nichts zu widersprechen, dann ist Kybernetik die Wissenschaft, die am meisten zur objektiven und quantitativen Darstellung von Denkvorgängen beitragen kann. Die Kybernetik betrachtet sich selbst als die Wissenschaft zur Erforschung und Beeinflussung extrem komplexer Systeme, wie es nach Ashby z. B. das Planen einer Maschine darstellt. Die Kybernetik liefert mathematische Abbildungen von Informationszuständen und deren Änderungen, entsprechend den Ordnungs-, Bewertungs- und Transformationsvorgängen im Planungsprozeß. Nach der These von Mac Kay entspricht eine Quantität der Information immer auch einer Quantität der Auswahl, sei es der real begrenzten oder der denkbaren (lit 3.6 S. 364). Nach der kybernetischen Auffassung ist es legitim, den Mengenbegriff auf Planungsvorgänge anzuwenden.

So kann der Planungsvorgang auch als eine zahlenmäßige Verringerung anfänglicher Möglichkeiten durch eine Menge von Denkakten auf die eine endgültige angesehen werden. Dieser Vorgang ist meßbar in den gleichen Maßstäben wie die Vielfalt und der Informationsgehalt im informationstheoretischen Sinne. Ashby nennt das Beispiel, daß das Maß für eine notwendige Planung 49.800 bit ist, wenn für 15.000 Elemente jeweils 10 Alternativen zur Verfügung stehen. So ist es sicher bereits keine Hypothese mehr, wenn festgestellt wird:

> Planendes Verhalten ist quantitativ und nach kybernetischen Regeln objektivierbar.

Hierdurch würden die Hypothesen der Kapitel 4.2 bis 4.5 eine hohe

Wahrscheinlichkeit bekommen, wie das Maß und die Meßregeln auch immer beschaffen sein mögen. Da sich die Psychologie auch der Kybernetik bedient, um Denkvorgänge abzubilden, scheint es möglich, den elementaren Charakter von Denkvorgängen zu bestätigen und vergleichbar zu machen. Das würde auch folgende Hypothese bestätigen:

Das Informationsmaß bit ist ein Maß für Denkarbeit.

Diese Bestätigung könnte unter Umständen, und wenn es nur näherungsweise wäre, die biologische Forschung durch analogen Substanzverbrauch liefern, wenn es sich überhaupt als richtig herausstellt, daß Substanzverbrauch ein Maß für Denkarbeit ist. Denn es ist auch ohne weiteres denkbar, daß das Informationsmaß bereits hinreichend Denkarbeit bestimmt und vergleichbar macht.

5 Schlußfolgerungen und Zusammenfassung

Ohne Meßbarkeit der geistigen Tätigkeit wird es keine „Ökonomie geistiger Arbeit" geben. Ziel der vorliegenden Arbeit ist, in der geistigen Tätigkeit als solcher Quanten zu ermitteln, die die geistige Arbeit beschreibbar, vergleichbar und meßbar machen können. Im wesentlichen ist die Tätigkeit „Planen" untersucht worden, um zu einer Verständigungsmöglichkeit über den Umfang von Planungsvorgängen, d. h. von Planungs„arbeit" zu kommen. Unter „Arbeit" wird in Analogie zu dem physikalischen Begriff das verstanden, was durch Zeit dividiert die „Leistung" ergibt. Leistung ist Arbeit in der Zeiteinheit, sie ist ein Maß für die Effizienz der Arbeit und deutet auf Eigenschaften des Subjektes hin. Arbeit ist ein objektiver Begriff, ohne dessen Kenntnis auch Leistung nicht objektivierbar und nicht vergleichbar ist, ganz gleich ob Leistung im physikalischen Sinne oder im Sinne einer Qualität verstanden wird.

Durch Analyse des geistigen Verhaltens „Planen" wurden Eigenschaften ermittelt, die „Planen" im wissenschaftlichen Sinne durch einen genus proximus und die differencia specifica definieren. So wurde „Planen" einerseits als ein „Denk"-Vorgang erkannt, in Unterscheidung von anderen, z. B. psycho-somatischen Vorgängen. „Planen" kann somit nur „Denk"-Strukturen folgen. Andererseits wurden die Eigenschaften des Ordnens, Bewertens, Ausweitens und Transformierens ermittelt, die „Planen" von anderen Denkverhalten unterscheiden. Nur diese vier Eigenschaften und nur in Kombination ergeben sie das, was mit „Planen" bezeichnet werden kann. „Planen" wurde als eine Superstrategie des Denkens definiert, das die strategischen Verhalten des Ordnens, Wertens, Ausweitens und Transformierens einsetzt, um unübersichtliche Situationen zu bewältigen (s. Kap. 2.7).

In diesen spezifischen Verhaltensweisen des Planens traten quantitative Elemente in Erscheinung, wie z. B. Mengen von Informationen, von Alternativen, von Zielkriterien, von Ordnungs-, Bewertungs- und Transformationsvorgängen. Da die Anzahl dieser Elemente variabel ist und mit einer hohen Wahrscheinlichkeit den Umfang einer Planung bestimmt, wurden eine Reihe von Hypothesen aufgestellt, die diese Elemente zu möglichen Meßgrößen für eine reale oder fiktive Denkarbeit erheben.

Um feststellen zu können, ob andere Wissenschaftsgebiete Beiträge zur Ermittlung von Meßgrößen leisten können, wurden Biologie, Psychologie und Kybernetik in die Betrachtungen einbezogen. Hier konnten einige Ansätze gefunden werden, die möglicherweise bei weiteren Forschungen eine Rolle spielen werden. So hat Denken in einer noch nicht bestimmten Weise Analogien im materiellen Bereich. Der festgestellte Verbrauch verschiedener Substanzen beim Denken läßt möglicherweise auf eine verrichtete „Arbeit" schließen.

In der Denkpsychologie wird Denkverhalten komplexer Formen auf eine begrenzte Anzahl elementarer Denkakte zurückgeführt, die möglicherweise auch ein Maß für Denkarbeit sein können. Und die Kybernetik schließlich operiert mit Mengen von Informationen, deren Zuständen und Transformationen, so daß das kybernetische Informationsmaß „bit" mit einer hohen Wahrscheinlichkeit auch eine Maßeinheit für eine analoge Denkarbeit sein kann.

Ein Vergleich der aus der Analyse abgeleiteten Hypothesen mit Aussagen der Kybernetik führt zu dem Schluß, daß die Kybernetik zur Zeit am ehesten in der Lage sein dürfte, Planungsvorgänge quantitativ zu erfassen, vergleichbar zu machen und mit der Einheit „bit" eine Meßgröße für Planungsarbeit zu liefern. Deshalb muß die weitere Forschung zunächst vorrangig in Zusammenarbeit mit der Kybernetik versuchen, modellhafte Abbildungen von Planungsvorgängen und Teilprozessen zu entwickeln. In vergleichenden Untersuchungen müssen Rückschlüsse auf eine fiktive „Arbeit" gezogen werden, um letztendlich die Hypothese, daß „bit" eine Maßeinheit und der kybernetische „Informationsgehalt" eine Meßgröße für Planungsarbeit sind, mit einer hohen Wahrscheinlichkeit bestätigen zu können. Es wäre denkbar, daß praktikable Formeln gefunden werden, in die die variablen Mengen der Ausgangsinformation, der Zielkriterien und der Alternativen eingesetzt werden und sich ein Endwert in bit ergibt, der ein Maß für die erbrachte oder zu erbringende Arbeit ist.

In zweiter Linie sollte die psychologische Forschung eine Hierarchie aller Denkvorgänge, von den elementaren bis zur Superstrategie des Planens, aufstellen. Hierbei würde interessieren, welches Informationsmaß elementare Vorgänge haben und wie sich das Informationsmaß ändert bei der Kombination elementarer Vorgänge zu komplexen Prozessen. In Zusammenarbeit mit Psychologen und Kybernetikern können Aufschlüsse über mögliche Relationen zwischen psychologischen und kybernetischen Modellen gewonnen werden.

In letzter Instanz könnte dann durch Biologen geprüft werden, ob das Informationsmaß als Maß für Denkarbeit Analogien im materiellen Bereich findet. Auch schon gewisse Bandbreiten physiologischer Vorgänge bei elementaren Denkakten könnten als Bestätigung von Hypothesen gewertet werden. Allerdings kann der Verbrauch von Substanzen auch in Korrelation zur „Leistung" stehen. Dann würde „Arbeit" immer noch ihren Wert als fiktive Rechengröße behalten, um den Umfang einer Planung definieren und Leistungs- und Arbeitsäquivalente ermitteln zu können.

Die Grundgedanken der Arbeit ergeben folgende Kette:
- Beim Denken wird eine geistige Arbeit verrichtet, die in einem physikalischen Sinne zu verstehen ist.
- Der Denkvorgang enthält quantitative Elemente (Information, Zielkriterien, Alternativen, Ordnungs-, Auswahl- und Transformationsvorgänge), deren Mengen ein Maß für diese geistige Arbeit sind.
- Diese Quanten lassen sich durch weitere Untersuchungen evaluieren. Das kybernetische Maß für Information bit wird zunächst als Maßeinheit vorgeschlagen.

- Durch Messen der geistigen Arbeit und Relativierung zur Zeit wird auch die geistige Leistung objektiviert.
- Hierdurch ist es möglich, die Effektivität, die „Leistung", von Methoden, von heuristischen bis algorithmischen, zu überprüfen.
- Womit auch die kreative Leistungsfähigkeit eines Gehirns objektiviert werden und ihre eigentliche Geltung in den heutigen Denkkategorien und Wertsystemen des „tauschbaren Gutes" gewinnen kann.

Mit diesen Grundgedanken wird eine Lücke zwischen Zeit (= Kosten) und geistiger „Leistung" im qualitativen Sinne geschlossen. Es wird Bewußtsein für den Begriff der geistigen „Arbeit" geweckt, und es werden Anstöße zur weiteren Erforschung von Meßgrößen und Maßeinheiten gegeben. Hiermit werden die Grundlagen für eine objektive „Ökonomie des Planens" gelegt.

6 Zum Nach-denken

Denken benutzt Begriffe, Begriffe der eigenen Begriffswelt.

Denken ist Spiel mit Begriffen.

Denken schafft Begriffswelten, Wortwelten, Geistwelten, Scheinwelten, Spielwelten, Traumwelten.

Der Denker ist Schöpfer subjektiver Welten.

Doch, – er wird erkennen, eines Tages.

Literatur zu Kapitel 1

1.1 Gross, H., Das quartäre Zeitalter, Düsseldorf 1973.

1.2 Gross. H., Das Geistkapitel, Düsseldorf 1970.

1.3 Pfarr, K. H. Prof. Dr., Das Planungsbüro und sein Honorar, Wuppertal 1975.

1.4 Harrer, Kurt, Rationalisierung ist kein Honorarersatz, Beratende Ingenieure 5/75.

1.5 Ebert, Walter, Netto-Brutto-Tara, Bauwelt 1/75.

1.6 Dr. Assmann, Jürgen, Kostenüberschreitungen, Blick durch die Wirtschaft 5.11.73.

1.7 Matull, Jens-Peter, Preiskampf, Beratende Ingenieure 4/75.

1.8 Johnson, Arne/Boehre, Rolf, Neue Aufgaben im Ingenieurbau, Allg. Bauzeitung 74/75.

1.9 Spieker, H., Alternativen nicht gefragt, Beratende Ingenieure 12/75.

1.10 Lenz, H. J., Planungsökonomie, Vortrag Bauforschungstag 74 in Bauwelt 10/72.

1.11 Lenz, H. J., Überleben durch Consulting, Der Architekt 12/1972.

1.12 Becker, Kurt, Assoziations-Denken als Grundlage für ein Consulting der Zukunft, Allgemeine Bauzeitung 1972.

1.13 Musso, A./Rittel, H., Über das Messen der Güte von Gebäuden, aus: Arbeitsberichte zur Planungsmethodik 1, Stuttgart 1969.

1.14 Köhler, B. M., Verfahren der Bewertung, aus: Arbeitsberichte zur Planungsmethodik 1, Stuttgart 1969.

1.15 Das Fischer Lexikon, Physik 1967.

1.16 Bertelsmann Lexikon 1972

1.17 Descartes, R., Regeln zur Ausrichtung der Erkenntniskraft, Hrsg.: L. Gäbe, Hamburg 1972.

Literatur zu Kapitel 2

2.1 Das große deutsche Wörterbuch, Bertelsmann 1967.

2.2 Bertelsmann Lexikon 1974

2.3 Rieger H. C., Begriff und Logik der Planung, Wiesbaden 1967.

2.4 Lenk, H., Erklärung, Prognose, Planung, Freiburg 1972.

2.5 Philosophisches Wörterbuch, Stuttgart 1974.

2.6 Fischer Lexikon, Philosophie, Frankfurt 1974.

2.7 Fischer Lexikon, Psychologie, Frankfurt 1957.

2.8 Ulmann, G. (Hrsg.) Kreativitätsforschung, Köln 1973.

2.9 Schirmbeck, Egon, Zum Entwerfen in der Bauplanung (Dissertation), Stuttgart 1974.

2.10 Schulte, Hans-Otto, Aufsätze zu einer theoretischen Grundlegung der Bau- und Stadtplanung (Dissertation), Stuttgart 1973.

2.11 Höfler, Horst, Problem-Darstellung und Problem-Lösung in der Bauplanung (Dissertation), Stuttgart 1972.

2.12 Laage, Gerhart, u.a., Planungstheorie für Architekten, Stuttgart 1976.

2.13 Institut für Grundlagen der modernen Architektur (Hrsg.) Universität Stuttgart, Arbeitsberichte zur Planungsmethodik, Bd. 4, Stuttgart 1970.

2.14 Drew, Philip, Die dritte Generation - Architekten zwischen Produkt und Prozeß, Stuttgart 1972.

2.15 Kiemle, Manfred, Ästhetische Probleme der Architektur unter dem Aspekt der Informationsästhetik, Quickborn 1967.

2.16 Joedicke, Jürgen, Angewandte Entwurfsmethodik für Architekten, Stuttgart 1976.

2.17   Institut für Grundlagen der modernen Architektur, Universität Stuttgart (Hrsg.) Arbeitsberichte zur Planungsmethodik, Bd. 1, Stuttgart 1969.

2.18   Institut für Grundlagen der modernen Architektur, Universität Stuttgart (Hrsg.), Arbeitsberichte zur Planungsmethodik, Bd. 8, Stuttgart 1973.

2.19   Institut für Grundlagen der modernen Architektur, Universität Stuttgart (Hrsg.), Arbeitsberichte zur Planungsmethodik, Bd. 9, Stuttgart 1975.

2.20   Koelle, H. H./ Zangemeister, C., Zielplanung in Systemtechnik, Vorlesungsmanuskript Technische Universität Berlin, 1/74.

2.21   Gäfgen, G., Theorie der wirtschaftlichen Entscheidungen, Tübingen 1968.

2.22   Stachowiak, H., Grundriß einer Planungstheorie in: Kommunikation 1, Quickborn 1970.

2.23   Hansen, Fr., Konstruktionswissenschaft, München - Wien 1974.

2.24   de Bono, E., Laterales Denken, Hamburg 1971.

2.25   Zwicky, Fr., Entdecken, Erfinden, Forschen, München, Zürich 1966.

2.26   Das Deutsche Wort Heidelberg, 1955 III.

2.27   Mittelhochdeutsches Handwörterbuch, Leipzig 1876.

2.28   Französisches Etymologisches Wörterbuch, Basel 1959.

2.29   Etymologisches Wörterbuch der Deutschen Sprache, Berlin 1963.

Literatur zu Kapitel 3

3.1   Vester, Frederic, Denken, Lernen, Vergessen, Stuttgart 1975.

3.2   Oerter, Rolf, Psychologie des Denkens, Donauwörth 1974.

3.3   Wertheimer, Max, Produktives Denken.

3.4   Ulmann, Gisela, Kreativität, Weinheim 1968.

3.5   Müller, A. (Hrsg.), Lexikon der Kybernetik, Quickborn 1964.

3.6   Ashby, W. Ross, Einführung in die Kybernetik ,Frankfurt 1974.

3.7   Wiener, Norbert, Kybernetik Düsseldorf 1963.

3.8   Shannon, C. E. und Weaver, W., The mathematical theory of communication, Urbana 1949.

3.9   Pierce, J. R., Phänomene der Kommunikation, Düsseldorf 1965.

3.10   Wiener, N., Mensch und Menschmaschine, Frankfurt 1964.

3.11   Gunzenhäuser, R., Spieltheorie und Planungsrechnung, Quickborn 1965.

3.12   Couffignal, L., Kybernetische Grundbegriffe, Baden-Baden 1972.

3.13   Egli, Ernst, Geschichte des Städtebaues, I-III, Zürich 1967.

3.14   Vitruvius, Pollio Marcus, Über die Baukunst, Hrsg.: Stürzenacker, E., Essen 1938.

3.15   Filarete, Antonio Averlino, Tractat über die Baukunst, Hrsg.: von Öttingen, Wolfgang, Wien 1890.

3.16   Alberti, Leon Battista, Zehn Bücher über die Baukunst, Hrsg.: Theurer, Max, Darmstadt 1975.

Literatur zu Kapitel 4

4.1   Leinfellner, W., Struktur und Aufbau wissenschaftlicher Theorien, Wien - Würzburg 1965.

4.2   Leinfellner, W., Einführung in die Erkenntnis- und Wissenschaftstheorie, Mannheim - Wien - Zürich 1967.

Biographisches Hans-Joachim Lenz, Dr.-Ing.

1926	geboren in Mainz
1943	Notabitur
1943-1945	Militärzeit
1946	Abitur
1947-1951	TH Darmstadt, Architektur, Dipl.-Ing.
1952-1990	selbständiger Architekt
	Aufbau einer Firmengruppe aus Architekten, Ingenieuren und Beratern.
1979	Promotion Dr.-Ing., Universität Kaiserslautern
seit 1989	Vorträge und Seminare in Weisheitslehren (Buddhismus, Hinduismus, Mystik, Kabbalah, Meditation)
1992-2004	Leitung eines Vereins zur Organisation von Vorträgen und Seminaren mit dem Ziel, Weltsichten und Wissenschaft zu verbinden
2002	Gründung einer Stiftung zur Erneuerung geistiger Werte

Lehraufträge, Vorträge, Fachartikel

Publikationen:

Der Mensch	1992
Die Götter auf der Erde	1993
Götter und Engel	1993
Gesetze des Neuen Menschen	1995
Jesus – sein wahres Leben	1995
Die Unsterblichen	1996
Gottes Buch der Neuen Welt	1996
Die Sternenmenschen	1997
Die Welt der Großen Mutter	1998
Die Offenbarung	2001
Die Genesis	2002
Die Heilige Stadt	2004
Heilung oder Heiligung	2006
Ein Menschbild zwischen Geist und Materie (in KulturForum Wissen)	2007
Das Ende des Dualismus	2009